哪吒的传说

坐 忘 著

加拿大国际出版社
Canada International Press

书名：哪吒的传说
作者：坐忘
美术编辑：暖信（8岁）
责任编辑：菌子
出版：加拿大国际出版社
ISBN 书号：978-1989-763-63-6
版权所有，翻印必究

Name of Book: The legend of Nezha
Written by: Zuo, Wang
Cover Design Picture provider: Nuan, Xin (8 years)
Editor: Jun, Zi
Published by: Canada International Press
ISBN：978-1989-763-63-6
Copyright @2021, All Rights Reserved

作者简介

坐忘,女,毕业于北京大学外国语学院世界文学研究所,北京某高校教书七年,移居加拿大,现就读于某高校。中加笔会会员,魁北克作家协会会员,发表诗歌、小说、散文、译著若干。

可关注作者微信公众号

IV

内容概要

《哪吒的传说》收录了2016-2018年，加拿大华裔诗人坐忘写的六十多首自由诗。这些诗的主题包括，枫叶之国四时不同的美丽风光，魁省梦欢雅乐（Montreal)一年内长达好几十天，各种目不暇接，眼花缭乱的节日和文化活动，也包括萦绕在诗人内心深处，惨痛黑暗的童年阴影，它们徘徊在灵魂之境的上空，久久不散，然而，也正因为如此，诗人在多门艺术领域都极其敏感，具有细腻丰富的感受和天马行空，激情澎湃的表达能力。诗人的如椽之笔，还描绘了全职妈妈处境的卑微屈辱–搬了砖就不能抱孩子，反之亦然—也有母爱分泌的催产素带来的巨大甜蜜和幸福。为人女与为人母的经历形成鲜明对照，愈发凸显两代人关系的真相。

诗人当然更没有遗落，男尊女卑大环境里成长，由"苦孩"奋斗出来的高知女性，为追求童年时期奠立的作家理想，而遭逢的一切困苦磨难与巅峰体验。至于暗黑系的婚姻生活，那既不同于苏青的《结婚十年》，也不同于萧红的"黄金时代"，所有的痛苦都被诗人的匠心化为孕育作品之珠的沙砾。如果说艺术世界是诗人的圣殿宝地，那么在加拿大入乡随俗养成的运动习惯，就成了诗人战胜抑郁，形成"君子坦荡荡而自强不息"作派的另外一件法宝利器。诗人歌颂了跑步之美，脱兔之动，羚羊之健，在渥太华河边，在圣·劳伦斯河畔，在皇家山之巅，从灼灼其华跑到白雪皑皑，从琉璃屋檐跑到七九河开。

诗人在七岁的时候就被于右任先生的"望故乡"诗深深感动而热泪盈眶，而现在，离开故乡的人变成了她自己，于是她在诗里写下湖南故乡的约克纳帕塔法小镇，以及姑苏林黛玉的小桥流水，还有那明月痴痴锚定的烟波乡愁。

这部诗集虽然是用汉语写就，而去国之前，诗人在中国度过了三十多个春秋，已经具备极好的中文语感，不过，在加拿大生活十多年的经历，这里的自然风光与人文环境，在语言文字之外铸造了诗人的另外一种人生。所以，阅读这本诗集，可以品尝到一种新鲜别样的霁月风光，一种极为熟悉的异域风情，一种恍惚陌生的熟捻滋味，这是一位拥有不幸童年的女性，用诗情凝聚升华的心灵史诗，从缺爱的起点开始，使出吃奶的劲学习如何去爱，最终走向心智成熟。

目录

作者简介 iii

内容概要 v

念想 1

流放的龙女 2

故乡 3

让·多哈沙滩 7

寄月 10

北大（东门）重游 12

小阳春 16

听琴–致诚儿 18

情诗一首–致苏州怡园主人 19

早 21

立　春 21

新白蛇传 24

科举幽灵 28

寻 32

失败的学习 36

倒时差	39
我要飞	42
敬题刘琦画作	45
发呆	48
诗人的诞生	53
热带风情	55
复活	60
焦虑	64
女人的样子	68
闻乐起舞	73
从蓝到白或者丢失的素描本	76
美狄亚或者美人鱼？	78
雪	86
入睡的红舞鞋	88
磨牙	96
拖延症	103
睡吧睡吧	107
灵魂整容	115
新预言–向何其芳致敬	119
激情和技巧	123

音乐之城—献给亲爱的梦欢雅乐 **127**

工匠之恋 **132**

觅春 **136**

春天圆舞曲 **138**

割肉还骨 **141**

自爱之歌 **147**

跑步 **149**

美人 **152**

渥太华河·跑步 **155**

美而媚 **158**

致加拿大150周年华诞 **161**

猎豹狂舞 **163**

妖精跑歌 **165**

跑步·真爱（特鲁多公园）................................. **168**

致梦欢雅乐 **172**

唯有跑者留其名 **177**

跑步的女巫 **180**

仲夏日之梦/嬉笑节 **183**

秋天奏鸣曲 **186**

秋熟 **188**

跳舞通巫 189

坐忘狂舞 192

爱的仪式 194

战斗–受2017年11月中国三色幼儿园罪案刺激题诗一首
.... 196

士之怒–致2017年11月北京受害儿童 199

流光之跑 204

圣诞节 206

雪中蜗牛 208

水云间 209

雪花沸腾 211

冰雪奇缘 213

茕茕白兔 215

早春之慕 217

闺训之逆反 219

磐石女人 221

早春夜跑 223

早春晨跑 225

早春素描 227

春天的操练 229

做鞋	231
立夏夜跑	235
四月	238
五月	240
春日响晴	242
春天的生长	244
混淆	247
地母之跑	250
跑在太阳风里	254
春光之跑	257
夏天的雷鬼舞	259
小满笛音	261
六月	263
初夏时节	265
祭献一朵花灵	267
二重唱与三重奏	271
全职妈妈	273
玫瑰的故事	277

念 想

我想养只非洲灰鹦鹉,
飞化肥发灰,
花谢花飞飞满天……

我想为城市纹身,
曼妙而浓烈,
颜色线条飞天,
圆润丰腴。
我不曾消耗你,
你滋养我,
我反哺蟹黄。

我想用滚轴丈量土地,
大鸟在平衡里飞翔,
　天在脚上,
地在旋转飞升,
世界如开水沸腾,
笑在我。

流放的龙女

你是黄河，你是长江，你是中国龙。
你是书法，你是中药，你是镫瓦当。
你是诗经，你是离骚，你是长乐未央。
你是花木兰，你是杨玉环，你是圣武曌。

隔绝和失忆，你只唯红楼梦。
微弱而犹疑，
据说，忝列双峰，和莎翁？
那个延宕的王子，
延宕，延宕，定格在延宕……
并列"生之书"或曰"文明活化石"？
仰天大笑出门去！

我是龙女，阙如传奇。
没有天安门的记忆，
亦无德赛之高旗，
更无赵家之朱碧。

迷之自由，蔚蓝的大海呀，都是水！
波光潋滟，却不见金发，鱼尾和天籁之音。
唯有硕大之龙头，闪亮之鳞甲，逆天之龙吟。

故乡

故乡？
故 乡 面 和 花 朵
为造情兮南人北念。
我生于词汇，
长于巫 乐 舞，
丢失了，
丢失了我的故乡……

诚实的，诚实的孩子，
米粉面窝甜酒蛋，
胃比心宿命。

非良禽兮，
北漂啊漂找北，
出省 进京 去国。

平原之衰兮，霜红遍野；
胡笳之摄魂兮番舞夺魄；
鸟语花香生天籁，
神子圣音导归处。

故乡寻不得也抛脑后！
忽然平地梵音响， 佛字心画生慧根。
更有红学奇峰起，傅山宝藏始洞开。

非饕餮之兽兮，
洞庭山鬼惊鸿来。
反认他乡是故乡，
适彼乐土！

乐土之上，
望我故乡，
故乡不得见兮，
梦寐思服。
狐死首丘，
吾与子偕同。

当我想你的时候，
我在一切看见你：
日耳曼人，
高加索人，
昂格鲁萨克森人……
你的表情埋伏于

高鼻深目，
金发碧眼。

越南春卷，
菲律宾短腿，
大和族菊与刀，
西非手鼓，
加勒比翘臀，
穆罕默德斋戒……

俄斯文艺巨擘，
德意志哲学大亨，
大不列颠治世能臣，
法兰西自由博爱之生乱变，
美利坚合众国雏凤清于老凤声……

一切，一切的他们，
我在一切他们里看见你：
生复生之太极两仪四象，
究格物之理，
穷天人之变，
修平齐立德言功。

庖丁解牛技，
无隙入有道。
北鱼坐心斋，
物我两相忘。
人生天地间，
万象齐我一。

一花一世界，
情重生婆娑。
一切有为法，
色空空色任流转！

鸡声茅店月，
人迹板桥霜。
忠厚传家远，
诗书继世长。

故乡终得见兮，
掷笔泼墨喜欲狂！
吾即故乡，
我即你！

让·多哈沙滩

四仰八叉，
看云的时候，
蓝色掉下来，
一片 一片，
落入眼睛的湖里，
我化作鱼。

那些羊，
它们飘啊飘，
洁白， 炫亮， 荣耀，
仿佛上帝亲吻过。

一会儿，
氤氲一团，一团，
一大团；
一忽儿，
化作响晴的大笑，
空中抖落些许。

大冬瓜一铲一铲，
修筑他的城堡；
二冬瓜的胖脚丫，
倾覆一个王朝。

为了均匀的蜜糖色泽，
沙滩上还有若干，
匍匐亦或展翅的大鸟，
定时翻边。

两根白色的导线，
驻扎我的耳蜗，
FM99.5，
攫取我的灵魂，
不复孤岛。

宫商角徵羽
精灵们随风而舞，
自由出入，
蓝天 白云 湖水。

据说天才，
只是些节奏捕手，

他们号准大自然的脉搏，
山精水怪，
随时待命；
我等凡妇
俯首称臣。

那些乐符，
徜徉于湖光草色，
也漫步我的灵魂，
驱策我：
躺下，起来，劈叉，旋转……
难免谵妄的狂想–
上帝也吻过我！

寄月

一棵树连根拔起，

漂洋过海，

错过了"爱尔兰女王"号。

先行者们，

从一条冒烟的大鱼背上，

翻落圣·劳伦斯湖底，

勇者之名水上书。

携异地新雏，

乘钢翼大鹏，

扶摇直上九万里，

我欲乘风归去–

那（哪）里是我（你）的祖国–

平上去入，

黄皮肤，黑头发，蒙古斑，

笑语如昨，

流动的光与爱,
别梦依稀故人来。

海上一轮明月,
天涯相共,
黎明黄昏轮替,
装饰了你的窗子,
锚定了我的乡愁……

北大（东门）重游

十八年前

一只幼兽

寄居你的腹地

平民四合院

用梦想画饼

四年前

人间五月天

一只小兽

向你进发

—他声声慢

到哪了？

我正在

和东门一起

朝你位移—

两座行走的火山

即将碰撞

天崩地裂

长命无绝衰！

–Just kidding

妈妈们说

男人的嘴，世界上有鬼

驭男术（耸肩）

爱生忧 忧生怖

爱人赠我蒙汗药

我欲回之百蝶巾

今天 我是一只母兽

牵着我的幼兽

你是门禁森严

口令为十六年前的学号

没有尘封的心灵

那枚钥匙仍旧

光洁如新

博雅塔依旧矗立，

未名湖在雾霾中

乏力睐闪秋波

中国风民间剪纸，

剪出党国一统口号

消失了浮游生物

参差多态

只余一水
北大学子
谈论创业金融与职场宝典

博实的售货员,
忠实地重复着
十八或者八十年前的傲慢
那个图书管理员–
他来自楚蛮之地
假如还魂
可能觅得一席之地?

遍寻不见
那个杭州美国人
或者美国杭州人
"燕园之父"的墓冢
我想
掬一捧鲜花
献祭于他的坟前
伴他看层林尽染
白果一颗颗
落在静园的草坪上

十六年前

我是唯一开山弟子

今天

桃李不言下自成蹊

您慨叹和祝福

我们的祖国

我却迷失于

灵魂国别的归属

China or Canada?

如同某种男人

终其一生

也不知道自己的心

属于妻子

还是情人?

小阳春

阳光覆下来 甜
棉花糖 一丝一丝
那些霾跑了
或者
我装作看不见

一月里来正立霾
那时候
舌头 嗓子 甚至眼睛
都是辣的

噢 冬天并非残忍的季节
小阳春来了
妳从南方来
你从北方来
妳从中原来
你从关外来

你们从网络踏浪而来

我们暌隔多年
却仿佛从未分离
我们一见如故
乐莫乐兮新相知

何日君再来？
而我迷惑
如何计算
分离的节点……

听琴—致诚儿

我听见春天，

听见雀灵，

听见星星在眯眼，

然后

它们齐刷刷变成

漫天焰火绽放的笑……

乐符不在你的十指

也未隐藏于黑白键

当它们相遇—

天雷地火

山崩海烂

倾国倾城

蝴蝶翩跹着飞

流水唱出了高山

太阳明晃晃亮堂堂

万物在腐朽中新生……

情诗一首–致苏州怡园主人

红梅 绿梅 和腊梅

暗香浮动

花气袭人

你以月光为聘

许下佳期

鹤子已乘白云去

芳草萋萋空悠悠

花石纲的太湖山

凹出一个鸳鸯巢

我屏住呼吸

放轻脚步

只怕惊起一对

司棋和潘又安的化身

一双麟儿追逐嬉戏

香蕉娃的探险洞天

鸟语啁啾

夕阳铄金

水色潋滟

你赏花 抚琴 面壁 拜月

我在你的墨香里踯躅

意乱情迷

又几番试图

步测短短的长廊

王右军 米癫 狂素 董其昌……

兴于点 醉于线 藏于锋

歌于纸 舞于笔

原来

世间最妩媚的颜色

不过是黑与白。

早
立春

冬天躲进

街头的一小块灰冰里

信儿踏呀踏

这个娃娃

他是春天消灭冬天的

免费雇佣兵

柳芽含蓄吐绿

因为粗心和缺乏经验

春风感到气馁

梅花失恋于寒冬

从此以后

不管不顾

开开败败

香不迷人人自迷

春水似镜

寂寞如许

顾盼自怜或者自拍

只因桃花尚未来到

唯有锦鲤在起劲撩

自作多情的人们

设定了迎接春天的仪式：

商家关门

馆铺熄火

回家过年

–我们在一起

仅仅此刻在一起

回到故乡

回到血缘

回到社会化人格面具之前

戴上面具祠堂祭

春天来了

来了？

秧歌锣鼓

除夕春晚

微信红包

完成迎春的仪式

另，

民以食为天：

瑶柱扇贝

蛋饺肉丸

人参鸡汤

年年有鱼

我们吃吃喝喝

吞咽下爱和殷殷

又到郊外踏青

摩肩接踵

只为被春天撞一下腰

比起信儿

我们更是虔诚的春分（粉）

春天来了！来了！

立起来！立起来！

立在鸡蛋上呐！

新白蛇传

玉古路 青芝坞
春梅未语笑先闻
渠边水涧朵朵开
暖日里香薰
诱我行走人间
李逍遥在哪?
我找灵儿姐姐

我扭
扭呀么扭呀么
扭啊扭
一棵桃树一棵柳

西湖美景三月天～
小白袅袅婷婷
小青烟视媚行
许仙方方板板
送来一把伞

幺二三 幺二三

我的所爱在云端
不掉馅饼掉美人
我要就她山太高
山来就我地动摇
美人予我红酥手
我报娘子雄黄酒

我挤上断桥
那不是蚁巢[惊讶]？
扭断三次腰
挤落两个爱疯死
可能–
错过一个鲜肉许？

山色空蒙雨潇潇
该来的总不会跑–
姑娘，我有伞

是你吗？
我等了一千年
花开了又谢
月缺了又圆

你还是傻白甜
–我们蛇类
从不用伞（掩口媚然）

四百八十寺的檐瓦
已无数次
轮回于泥土
金戈铁马的锐啸
芒杖竹林的风雨
流光千载抛
仅余若有若无的回响
岳王庙和葱包烩
都封印在
清明上河图

男人和男人
女人和女人
人类和蛇
可以结婚
或者不结婚
还可以上天
或者不上天～

然而,我依旧–
十指尖尖春葱长
柳腰细细芙蓉媚
秋波流转远黛眉
空谷黄莺婉曲啼–
"达令,你有的正是我要的～"

–蛇界新规:
获得一名人类的爱情
嘉奖灵力三千。

科举幽灵

秣周路 长乐路
琵琶巷 乌衣巷
三千年的金陵春梦
总被雨打风吹去

文魁文枢文曲
位于共振波峰
历史的回音壁
传来阵阵海啸–
天地玄黄 宇宙洪荒
寒来暑往 秋收冬藏

王维踏浪而来
苏轼纵舟而去
元稹 乐天
韩愈 唐寅
李中堂 曾文正……
黄金榜上出将入相
踏过无数
负笈求学者的枯骨

最为著名的范进
　因为中举
被世人铭记
脸上的猪油味
孔乙己
因为落第
被定格在
"茴"字的四种写法

吴敬梓屡失龙头望
洪天王反进石头城
快进若干年
又有一位落第的创世主
开创白卷英雄的时代

据说藉此
鲤鱼跃过龙门
田舍郎登入天子堂
世间自有新气象
农业文明巅峰的想象地平线
–关于平等、公正

然而–

还是有奇案南北榜

有时候

天子的御笔一抖–

状元也许会

旁落一个草包

全部的第二种性别

在呱呱落地之时

已经被剥夺所有的

参赛机会

那最华美的官邸

也许尸位素餐

洋人来了

状元\榜眼\探花

娟秀小楷策论

策不过

船坚炮利

可是— Are you sure?

–海洋文明是只猛虎

亟需以农耕文明为食？

Who cares?

反正掐败了

于是发现
一千三百年的科举制度
这隐藏的万恶毒瘤
孩子连洗澡水倒掉

它的幽灵
又以不同的形式还魂
伙同许多个幽灵徘徊-
共产主义幽灵
现代化幽灵
民主宪政幽灵
拜物教幽灵
总有一个幽灵属于你
嘘-
你不属于任何一个幽灵！

寻

飞升

坠落

腾挪

鱼跃

上天

入海

　寻

我在寻–

你？

他？

它？

不！我在找–

我自己

在爱里

在恨里

在希望里

在诅咒里

在欢乐的巅峰

或者苦毒的炼狱

在耄耋的智慧

或者咿呀的童真

在堆雪的惊涛

或者蓝得沉默

而心碎的佩姬湾

在云雀的歌谣

或者金蛇的狂舞

在男人的坚硬

或者女人的魅惑

在高蹈的玄想

或者肉欲的狂喜

有时候

我花了一夸克寻找

有时候

我花了一头

房间里的大象

有时候

我花了三个光年

跋涉到小王子的

小小星球

有时候

我花了两枚镍币以及

一些玫瑰金和鲛人泪

有时候

我花了一次

整整七天的腰疼

还有的时候

我什么也没付出

仅仅躺在林荫睡觉

醒来后

却有一个

崭新的我自己

从天而降

始于婴儿时期

亲爱的妈妈

那温柔的双瞳

终于

情不知所起

　一往而深

贯穿其间-
　仁慈的上帝
须臾不离左右-
　直至坟墓。

失败的学习

我在学习
如何做女人
教程如下：
粉底液 眼影 口红
嘟嘴 媚眼 低头的娇羞
杨柳腰肢 浑圆胸部 朝天翘臀
我都没有
唯有高高昂起的头

还要熟谙某些技巧
以便捂住那些
暗夜里盛开的花朵
而我只会一边怒放
一边快乐地啸叫

我不擅长任何一种
女人的专属技能–
下厨 育儿 当家 驭夫
忧心忡忡 愁绪满怀
我是否会开除女籍？

一个强壮的野人

甩下肩头的羚羊

急刺刺献给我

又唱起一支

荡气回肠的情歌

跳上一曲

山鬼的巫舞

莞尔一笑

情不自禁

我跟随他

快乐地

踢踏 踢踏 踢踏

他酣然入梦

意犹未尽

我打开 Kindle

继续阅读《纯粹理性批判》

桌上一张相框

艾米莉·狄金森

迷之微笑

情人送我的玫瑰

已经枯萎

仍旧散发

淡淡的幽香～

倒时差

白日里
情思睡昏昏
入夜上
目似小铜铃
斗转星移
乾坤异位
我从海的这端
飞到洋的那头

不见了
长长的里弄尽头
丁香一样的姑娘
消失了
七窍玲珑
八宝楼台
九重曲舫
阆苑仙阁
远去了
袅袅婷婷
悲悲切切
霜林醉
点点滴滴离人泪

不荒唐

便认他乡是故乡--

胡天二月即飞雪

如昼灯光节

雪在烧

雪是五彩的

人是五彩的

蹦擦擦的音乐

也是五彩的

再过一个月

就可以坐马车

开启枫林之行

白色的树干上

一只只眼睛

哭啊哭

哭出来

甜甜的

暗哑的

枫糖浆

攒起这些眼泪

心满意足喝下去～

会得到快乐的奇迹

七九河开

八九雁来

我在后花园种下

芍药 蜀葵 郁金香

浇水 施肥 除虫

同步长出我的家

在这片新土地

广袤无垠

平原湖泊

耿直穿膛

还有那枫叶

漫山遍野

如火如荼

如泣如诉

我有嘉宾

鼓瑟吹笙

人之好我

示我周行。

我要飞

我要飞

轻盈地飞

不是惊鸿

也不是游龙

一片小小的羽毛

好风送我上青云

扶摇直上九万里

恍兮惚兮太虚游

我要飞

愉快地飞

掠过丛林 落叶 苔藓

下陷沼泽地

月圆之夜

獠牙闪闪发亮

涂上蓝色唇彩

幻出红色头发

和女巫 地精 狼人

踩面包的小姑娘

勾肩搭背

张牙舞爪

寻欢作乐

我要飞

矫健地飞

带领秃鹫

自悬崖俯冲

从狮子嘴里

抢来羚羊

横空劈开

疾驰的猎豹

强弩之末

仍旧强悍

蓝鲸背上

射开一个洞

从那之后

地球上出现

第二个

尼亚加拉大瀑布

我要飞

各种色彩

各种温度

各种维度

各种时空

飞出地球

飞出太阳系

飞出银河系

飞出一个

崭新的我!

敬题刘琦画作

悲伤属于

这个色块

或者

那个正中央的黑洞

也可能是

参差对照的压抑

我是

金色的黑暗小王子

悲伤垂下来

又

上升盘旋

一缕轻烟

无语凝噎

我在纹理中

踯躅 再踯躅

我也有自己的

玫瑰 狐狸 和
金色的麦浪
然而–
有时候
我还是喜欢
 一个人跳舞

在历史的长河里
在黄河的窑洞中
在敦煌的莫高窟
在旋转的木马上

有时候
和我的爱一起–
水煮鱼的烈焰红唇
青春回忆的光与影
梦中梦的金色冥想

中场休息
我化作魏碑和金石
沉入长安古意
蝉声一句句寂寥

依托太湖石

抒怀七窍玲珑

秦时明月

缓缓爬上柳梢

静悄悄

盟誓于永恒……

发呆

他们说我是天才

哦

真的吗?

隐约记得

那些夜晚

我悄悄从孤儿院

溜到月亮荡秋千

嘀嗒嘀嗒嘀嗒

夜晚那么长

装不下所有的把戏

还有些白天

我的脑袋里

驰骋了十多匹野马

灵魂未遭分尸

狂飙发散

融汇贯通

若干个平行宇宙

九九归一

不是白天

也不是夜晚

又是白天

又是夜晚

我梦见

变做蝴蝶

又还剩

一颗春心化作杜鹃翩若

我在痛苦的岩浆里

笑

在极昼的光明里

哭

长歌当哭

还有谁在这个世界哭

无缘无故地哭

和我不约而同

我在世界上走

走到天的尽头

永不回望来时路

竟然没有香丘

颓然倒下

千岛湖孕出

万亩桃树林

哦夸父夸父

他们说

激烈的情感

专属天才

和常人无关

我

只有爱

或者死

如果不爱

就在腐朽中永生

啊？不！绝不！

杀死我的爱人

每日亲吻

他的头颅

他化身为

一部分的我

合而为一

哦莎乐美莎乐美

他们说

因为你是天才

现在

我只想发呆

发发呆

看

人工喷泉

发射濛濛的水柱

哗～哗～哗～

单调重复

重复单调

合成安眠灵药

看

八卦 水波 眼睛形状

风铃

幻远幻近

幻大幻小

幻前幻后

勾魂夺魄

心旌摇曳

看

机翼下的海

硫酸铜乳酪

它在流动吗?

动～吗?动～吗?

眼皮打架

茫茫云海

无边无垠棉花床

温暖柔软好多爱

下来下来

睡吧

睡吧

睡吧!

诗人的诞生

闭眼
风声 海声充斥
每一个细胞孔
和 头发根
咚咚咚
杳杳的鼓声在敲门

太阳也扑过来
忽而一阵迟疑
热浪先行
皮肤在烧
我在烧
燃点直达
浴火中心

勇敢的棕榈树
赶来灭火
她的披肩发
温柔又清凉
蓝天白云拉设

负离子最多的

无烟隔离带

海滩产房

躺椅产床

大自然接生婆

产妇也是她自己

白沙和绿藻吞咽下

数盆血水

历经阵痛与搏斗

筋疲力竭

酣然入眠

一觉醒来

分娩出

一个诗人

庞大 丰满 天真

她试探着

走出第一步

刹那间

地动山摇。

热带风情

阳光太充足

凝结出彩色栅栏

室内秋千椅

人们在品尝

一百种颜色的冰淇淋

最古老的降温法

都是太阳惹的祸

鹦鹉染出

十八种颜色

不会说话？

这么宽广的色域

已经足够表达

任何一种程度和方式的爱

不是大观园

哪有什么

松花配桃红

蜜合玫瑰紫

唯见

碧油油 油油碧

覆盖天空和大地

杨二车乃姆那朵花

开遍灌木丛

我有心采一朵戴

又怕那些本地人

悄悄笑话

美洲鬣蜥

在沙滩入口

扮作活雕像

霸气剪径

悠悠道来

留下买路卷饼

牛肉味的最好

我想知道

它是否已

晒成温血动物?

而它在嘀咕

这个女人

究竟能否

听懂西班牙语?

科苏梅尔浣熊

在外貌和习性上

复制

北美冰天雪地的远房堂兄

黑眼圈 尖尖嘴 长尾巴

它在垃圾箱里

发掘美味佳肴

又在露天酒吧桌前

直立如绅士

大大方方

索要一杯

椰子朗姆酒

大尾拟八哥

黑得发蓝

蓝得发黑

瘦削如旗帜

敏捷似子弹

"嗖"地掠过

白色沙滩上那些

梦周公的人们

带着孔雀的骄傲

停驻觅食

酒足饭饱心情好

它赏脸同我说中文

你好 谢谢 再见!

我在金乌下徜徉

同它的各种变身约会

林荫中

细细碎碎的金

影影绰绰的暧昧期

眼波流转

心跳光影斑驳

酝酿后的发酵期

海滩上

勇敢地交出自己

交付比基尼

又给防晒霜

上缴保护费

然而–

阳光烤熟我

终至冒烟

白热期结束

结束

结束了

这场失败的恋爱

我躲进

加冰块的鸡尾酒

寻找词与物

耳朵 舌头与脑袋

鼎力合作

莲花或者弹簧吐出

轻音重音

卷舌音 小颤音

清辅音 浊辅音

仓颉造字

平上去入

天地玄黄

宇宙洪荒

还有丝丝入扣的

逻辑之网

分别衔住头尾的

黑白太极鱼

萌发永生的幻觉。

复活

海风轻轻地

温柔地吹

吹进我闭合的眼帘

潮汐挥舞着

白胖的手臂

往岸上冲

相近情怯

又迟疑着

返归

周而复始

乐此不疲

棕榈树围成吊床

摇啊摇

摇到外婆桥

空气里盘桓着

复调

声部包括

海水

西风

若干种鸟儿

试唱:

高亢粗犷

短促尖细

灵巧娇媚

少女闲聊

孩子们撒娇

仔细分辨:

阳光的不同波长

导致

参差的辐照节奏

摩托快艇的动能冲击

经由

海水 沙滩 躺椅

传感到皮肤

海盐 海藻 海鱼的咸味

具有

一种特殊的声波

轻轻磕击耳膜

复活了

复活了那个

十四岁的我–

彼时

我是一朵爱娇的玫瑰

跳舞通巫

二十四小时之内

因为

日照 湿度 和风向

些微变化

熏染出不同的

颜色和姿态

因此致罪

–敏感过头–

我被大自然

淘汰出局

今天

造物主幡然醒悟

借助一切道具

召唤出

从前的我

究竟是祂

终于开始理解
生物的广泛多样性
还是
我的坚持
让祂不得不
–服输?

焦虑

佯装是一尾鱼

我在水里飞

不能乘风破浪自由泳

只好一下一下划

如同一只青蛙

暗绿 暗哑

逐渐唤起

子宫深处的回忆–

温暖 富足

温柔 慷慨

我的子宫

也曾孕育

两个生命

上帝以天使为礼物

表达无条件之爱

可是

我拿什么

给予你？

我的爱

焦虑 紧张 失眠

孤独 脆弱 忐忑

我抱住水

就像我要

拘留我的睡眠

又摸摸自己的猪腩肚

据说这代表

虚弱无力？

拒绝了

瓦蓝蓝的天

绿油油的树

红艳艳的

扶桑花

它们含恨含羞

我转头迷恋

萎顿 拖延 自怜

黑暗无人的角落

水说

我的爱

你入我怀
咬牙闭眼
我穿成一朵扶桑花
从了它

一圈 两圈 三圈
抬头 吐纳
一只弹簧
伸–收–
我打开身体
节制而有节奏
坚强不屈地–
运动 运动 运动

水不我欺也
焦虑的小恶魔
在岸边
口吐白沫
我踩了它一脚
这并非
最后的胜利
但–

Cheer up!

女人的样子

据说

女人是猫

温顺 媚人 手感好

得罪了她

仍然

痴情卧你怀

其实

头天夜里

她已经串通巫婆

下了咒

若许以

钻石 裘衣 华屋

美味鱼骨头

缱绻迷人的情话

她立刻

掉头背叛

绝不返顾！

女人还是金丝雀

心甘情愿

出卖自由

入住

钻石囚笼

　或者是

蛇/夏娃的诱惑

总有人

为她的蛮腰

万劫不复！

最常见

一朵花

蝴蝶蜜蜂围绕

玫瑰玫瑰爱娇

玫瑰玫瑰我爱你

还有一些

像盐

所有的人都犯难

我该如何

谈论 描述 和回忆

家里的一罐盐

我不是猫

是一只猎豹

利爪腱子肉

绿幽幽星火

闪电狂飙

疾驰在

暴雨烈日

崇山峻岭

荒原坟场

一扑即中

畅饮鲜血

仰天长啸

谁敢关我？

必定啼破歌喉

曼妙动听

化作

凄凄鬼哭

还要啐他一大口！

我爱智慧

即使

那属于蛇

美就是美

必须膜拜

即使它–

属于蛇！

我

我带着孩子们

高山滑雪

极速体验

掠过森林 城市和沙漠

碧波上冲浪

向大海挑战翻跟头

赢了高兴

输了也不哭

我们在非洲

观摩大自然的

奇炫丰饶

贫瘠苛薄

又到雅典

凭吊祭献

雅典娜的永恒神光

我们母子兵团

参与星球大战

拯救人类和未来

又用乐高

搭起一个纽约

还捡起

一只受伤的知更鸟

看护三天……

又写下一首

关于盐的诗。

闻乐起舞

青青的椰子
挂在枝头
饱满 沉淀
瓜熟蒂落

彩虹色的
冲浪风筝
悬在天空
摇摇摆摆

从浅蓝的云天
撕下一块邦迪
由于氧化作用
变成深蓝的海
延展到沙滩

虎斑鱼在水里
呼朋引伴
一条迷路的平鱼
闯入陌生的地盘

晕头转向

人们一起围观

失去恻隐之心

没有提供帮助

微风邀请旗帜

一支又一支

跳起华尔兹

还嫌不够

泳池边

响起劲爆摇滚

我被引诱出列

离开等候龙舌兰酒的队伍

阿拉伯肚皮舞娘

只有腰

没有腰骨

吉普赛卡门

正和她的

斗牛士新情人

蜜里调油

所以

她暂时变身为

女斗牛士

不可一世的玛戈王后

睥睨天下

我行我素

其实

有时候我们因为

愤怒和悲痛

开始起舞。

从蓝到白或者丢失的素描本

从夏天

回到冬天

从蓝色 红色 绿色 黄色

回到

白色与黑色

从沙滩回到

平原

从墨西哥回到

加拿大

我遗失了

一个雪白的

素描本

遗忘了

一件

灰白藏青纹的羽绒服

弄丢了

一个想象中的

秀曲线机会

带回

百分之二十的

皮肤红热晒伤

一百个

毒蚊虫咬的

拥挤鲜红疙瘩

一个

灵动曼妙的

芭蕾舞女倩影黑色纹身

然后

在电话里

用英语找回

丢失在

西班牙语海洋的

羽绒服

在银装素裹的雪茫茫

虬髯妩媚的树干干

重获

我的素描本。

美狄亚或者美人鱼？

教科书未写
母亲的天职之一是
–挨打
–挨丈夫，婆婆
　或者夫家
　不知道什么玩意儿
–殴打

哦 没有什么
关于
做母亲的教科书
从来就没有
那是我的谵妄
或者
按照他的语言
因为你是一个
疯–子–！
脸部表情扭曲
他吐出这两个字

我无法区分幻想

或者真实-

两颗毒瘤

伴随

一口浓痰

啐在我的脸上

灵魂青肿

额角隆起

一个大包

我躺下来

奄奄一息

窗外

有片小小的天

三月桃花雪

哦

枫叶国何来桃花雪？

大概因为

我是一个-疯子！

产生某种幻象-

屋檐雪压下来

摇摇欲坠

好像

房子长出大大的肿瘤

如同这个

癌症婚姻

就像所有–

被本能支配的

雌性软体动物

以痛苦为核

我孕育出

两颗珍珠

你挣钱太多

你一文不名

今天的草是绿色的

昨天它过于枯黄

三万多个小时之前

你睡了

一个野男人

七分八秒之前

你对着

网络那端的一个

爱斯基摩人

或者

一条狗

抛了一个媚眼

刑罚的理由

层出不穷

唤起–

遥远重叠的回忆

只是

在父亲的家里

不限于痛殴灵魂–

一个角度不对的

怯畏眼神

一个低头走路的

猥琐姿势

一声咳嗽

甚至

什么也没有

只因为他

又输了钱

当年的我

被

打入尘埃-

不哭

是没打服

-刑罚加码

哭

将催化

更多的疯狂与暴戾

多么熟悉

多么亲切！

我像一条狗

眷慕大便的气味！

从茫茫人海

辨认出这个凶手

找回我的童年

如获至宝

化身八爪鱼

纠缠不休

十七年来

鞭子落在

我的灵魂上

带来肉体的高潮

幸福缱绻的时光

永远不会老……

为母教科书

也没写

另外一个

科学定律

如果爱

真正的

投入得忘掉自己

会让我

分娩出另一个

我自己–

和所有新生儿

一样

有一张

从未被欺负过的脸

她在春天诞生

降临于

圣帕特里克节

街上的人们

带着绿帽子

不是恭贺

太太有了情人

而是庆祝

春天驾到–

屋檐雪肿瘤

也被 rap 震落

新生的婴儿

酷肖雅典娜

甫一落地

全副武装–

她拿一支剑

交给孱弱发抖

缩成一团的

旧自我–

杀死他们

杀死你的两颗珍珠

这是唯一的方式

打破母爱
对你自己的诅咒!

我痛苦得痉挛
变身哈姆雷特
开启延宕未决
–美狄亚?
还是
–美人鱼?

雪

胡天三月即飞

梨花开了

神仙来了

黄狗身上白

白狗身上肿

一只小小的

小不点黑鸟

曲线玲珑

立在枝头

卖俏

林木薄施脂粉

一白引百媚

雾凇列队欢迎

Morning! Morning!

朝霞微露容光

藏着掖着一个

冰里的太阳

路在长长

迷雾深处

不可知的

诱惑-

天青鱼肚白

塞壬的曼妙音声

或者

圣诞老人的行宫？

我想和你一起飞

在仙境归

大如席

轻似绒

撒盐差可拟

柳絮因风起

瀚兮邈兮神物游！

入睡的红舞鞋

当我
小小的婴儿
来到人间
妈妈没有给我
拥抱/抚触/亲吻
和 爱
她只是送我一双
有魔法的红舞鞋

那个
被称为父亲的男人
是一座移动的活火山
一颗唾沫星子
足以点燃襁褓
化为灰烬
他成功地复制
爷爷的所有非爱基因

妈妈绝望而虚弱
不

我也不爱你
我没有力气
亲爱的
爱需要力气
哪怕是一丁点

妈妈消耗她所有的能量
与死亡的诱惑
搏斗
我十岁那年
她终于失败
在一个瞬间
成功地离婚
改嫁死神

从此以后
父亲成为
熊熊燃烧的火山口
每当危险来临
我就穿上红舞鞋
闪转挪移
翩翩起舞

旋转高飞

逃过每一道

从天而降的雷霆万钧

苟活于世

可是

留下后遗症

因为我再也不能

不–能–停

即使父亲已经

阴阳两隔

我仍然在这个世界

跳舞

脱不下我的红舞鞋

吃饭的时候

走路的时候

洗澡的时候

日光浴的时候

甚至

爱爱的时候–

我都在跳舞

我的心里

住了一条鞭子

随时随地

呼啸而起

带着倒钩

咬在我身上

或者一顿

将落未落

悬而未决的老拳

还有那

永恒的伴奏背景

不是

咿咿呀呀的胡琴

而是

怨毒与仇恨的诅咒

其实

它们只是父亲的药

如同

红舞鞋是我的药

我们都是

缺爱的病人

爱上了我的红舞鞋
我装作
它是我的妈妈
使出吃奶的劲
摹仿
目力所及的此岸之爱：
孩子们爱
他们的父母
山泉思慕
未曾谋面
网络那端的大海
楚王神女高唐会
金风玉露一相逢
从此巫山不是云

彼岸之爱–仰望星空
上帝爱
我们每一个
无差别无条件
我从未见过祂

可是

我知道

祂一直在那里－

蜘蛛的蚊帐里

帝国大厦的楼顶上

沙漠深处的头盖骨中

都有

祂的注视和叹息

就像

艺术摹仿人生

我拟似

真正的爱

不敢停

不敢休息

我怕忽然

被非爱的怒火烧死

不

其实我更怕被抛弃

对

宁可被凌虐

我也不愿

消失

消失了那些酷刑

被弃于茫茫人海

我竟然和这个世界

没有一丝关联

哦 绝不可以！

跳舞吧

跳舞吧

让我自己

发热

发光

跳出来

真正的爱

依葫芦画瓢

我画出了舀水勺

爱:

不大

也不小

不多

也不少

不放纵

也不节制

不炙热

也不微寒

我在里面生长

好像置身

上帝的摇篮

穿着红舞鞋

我终于学会

和别的孩子一样

安静地入睡

拥有一个整晚的入眠。

磨牙

我有一口
四环素牙
就像发小嘉禾
明眸善睐
巧笑嫣然
除了那口
四环素牙

可是
这丝毫无损
我对她的爱
我们曾经都是
约克纳帕塔法镇少女
哦
是鲁镇
乌篷船咿咿呀呀
河面漂浮
罗汉豆之春

我们一起追看

琼瑶 金庸

古龙 三毛

也互相

啐啊啐 掐啊掐

长大后

我们天各一方

只剩下同样的

四环素牙

爱在那里

永远没变

永远不曾分离

那是我的

少年时光

正如同

恨也在那里

那些逃离父亲

躲向友谊的

恨

我的四环素牙

那个时代
小县城的烙印
并无辜地承载
安葬于
灵魂深处的
愤怒死火山

不惑之年
每天半夜
或者凌晨
我被牙关打架
惊醒

哦 不！不！
停止！
停止磨合
停止撕咬
停止-
愤怒！
哦 不！不！
I can't!I ca–n't!
做不到！

做–不–到!

就像一切的童年受虐者

成年后

我复制雷同情境

我要–

拯救

过去的我自己

我要翻盘!

我要击败

命运女神–

成为自己的主人!

我在痴愚里

内耗

死磕

第一千零一遍

用血肉额头

撞击南墙

白天

心平气和

言笑晏晏

长袖善舞

晚上

夜幕撕开一切伪装

真相精灵潜入我的

四环素牙

发动

第三次世界大战

挣脱梦魇

我归于平静–

如果你想躺着

那就躺着

如果想工作

那就工作

如果想和爱你的

朋友一起

那就打个电话

别管她

有或者没有

四环素牙

你可以做一切

包括

懒惰邋遢

倦怠迟钝

酗酒滥交

赌博嗑药

因为我

还有我们

永远都爱你

只要你是你

四环素牙

也丝毫无损

我的爱

打吧!

打吧!

牙齿们!

使劲打!

我张开双臂

拥抱仇恨和愤怒

而不是

捂住眼睛

失明于房间里的大象

醒了

就别睡了

听一听

夜阑人静的呼吸

没醒

就继续作战

半睡半醒

就好好体验

牙齿用力的

角度和节奏

不怕 不哭

不焦灼

有我呢

我在这里

我永远都

爱–你，我自己。

拖延症

君不见
黄河之水
哦
去～
君不闻
天子呼来不上船
哦
上床
睡觉
一个人

从餐厅到卧室
那么短
太长了！
努力扶墙
怕它倒塌
度量一下
床比地远十公分
高六十公分

何以解忧

唯有杜康

一醉解千愁?

其实我只想

给拖延症找一个

更安心的借口

七天时间

前六天

我在望天

　　发呆

　数蚂蚁

看猫狗打架

最后一天

不眠不休

不洗不漱

老僧入定

干掉所有

堆积如山的文件

甲方说

此后我们再有项目

就给你一天时间

完成任务

哦 不！

我

怫然作色

暴跳如雷

撒泼打滚

上房揭瓦

聚己游行

和平示威

没有拖延症

在这个茫茫人世

我将如何存放

盈盈欲泣的玻璃心

如何复制那曾经的

焦灼 渴盼

悬而未决：

等待拯救

或者–砍头

我爱自己的拖延症

我邀请它

睡在空酒瓶里

它乖乖入瓮

我抱着它

就像有些人抱着毛绒玩偶–

酣然入眠

如果·爱

你会不会

爱我的拖延症?

睡吧睡吧

累了

我很累

倦了

我很倦

我一直都在

讨好你们-

父亲和母亲

我的性别

这是我的错

我的性格

这是我的错

我的习惯

这是我的错

我的表情

这是我的错

我的智商和眼力见

当然

还是我的错

你们早就离开了

一开始

你们就抛弃我

而后

兜兜转转

分分合合

你们又在我面前

来回晃动

我

翘首以盼

又

严阵以待

热情似火

又

冷若冰霜

噤若寒蝉

又

佻哒如兔

不管不管啦

只要能

跟上你们的步伐

分裂就是统一！

我终于来到

完全没有你们的世界

不–可–以！

我拒绝

永失所爱

于是

我造出一个

小宇宙

这片天里

有一个

你们的小影

虽然对我的性别

并没有非议

不过

他认为

我辱没了

这个性别

其余地方

他和你们

惟妙惟肖

每天都要
揶揄和咆哮
对我的
眼力见和智商
表情和习惯
性格和爱好
都是你的错！
都是你的错！
你是我痛苦人生的
万恶之源！
听！他的句式
也和你们
完全一样！

我爱他
因为
和他在一起
就像见到
世界上另外的你们
于是

就像和你们

在一起的时候

我又爱上了死神

嘘！

我的真爱是睡神

因为累了太累了

我要奔跑

追逐你们

强加给我的期望

对着你们

或者你们的小影

强颜欢笑

发表演说

图穷匕见

力图从铁石心肠

掰出一点爱

徒劳无功

铩羽而归

累了我累了

真的好累好累

十七年

没有一个安心的睡眠

睡觉就是犯罪

放弃了无数个

改造自身

变身完美

取悦你们或者小影的机会！

所以

死神不过是

年长的睡神一家亲

我好想红杏出墙-

死神

还是睡神？

睡了我吧！

睡了我吧！

多么多么想要

一个酣甜的睡觉！

天使说

宝贝

醒醒

你不是

他们的孩子

你是

上帝的孩子

你忘了吗?

好多的白鹳

救生筏般的音乐

冉冉上升

哦

跋涉了很多年

　　　很多路

不敢停下打盹

睡梦中

我将永失所爱

难道

我终于找到了吗?

到了到了

就是这里

不怕 不怕

爱在这里

一直在

不要向别处寻

在你自己的心

我被慢慢照亮和点燃

勇气降临

若饱胀之帆。

灵魂整容

钢铁侠

科学家

钟表匠

都是我仰慕的对象

强加

主观的愿望于之–

斯人一定能够控制

心跳的频率

感情的流溢方向

眼泪夺眶而出的时刻

精确到皮秒

直到有一天

我看见芒果台

有位嘉宾–

摇滚先锋/诗人/木匠

木–匠！

他能做出

杏花村牧童版皮诺曹

还有一把把

小小的木勺

曲致玲珑曼妙风流

原来–

这个世界

有的人

天生就能统一

感性和理性

柔软的灵性

和

钻石般坚硬的意志力

见贤思齐

我决定

在上帝赐予我自己

之后 之上

再造一个自己

别躺着

别抱着

我的酒瓶芭比娃娃

别让思绪

在哀怨和自怜里

低徊

站起来

走出去

动起来

是个农夫

就去耕田吧!

是个民工

就去搬砖吧!

是个妈妈

就去亲吻孩子吧!

或者

和音乐一起

跑个一万米

去健身房

举五十次

二十磅的杠铃

绣一幅

绵绵密密针脚细碎的

牡丹花

我将填充

自己的灵魂

用混凝土

加固先天

数亿根敏感纤弱的

神经元和传感器

新预言–向何其芳致敬

这一个令人心跳的日子终于来临

加冕开始

我成为

传说中年轻的神

历经

遗弃 谎骗

背叛 战争

饥荒 疾病

硫磺里薰过

碱水里泡过

流血漂杵

王水里煮三煮

南极与企鹅

高台跳冰

太上老君炼丹炉

同齐天大圣

义结金兰

三岁开始练习

童女之舞

出落成

神的女祭司

主持典仪的时候

我是鼓点

　　鼓槌

　　鼓面

亦是我自身

节奏 音乐 卷动旗帜的狂风

古老的咒语

都是我

我是一张弓

无所谓射箭的弓

弹棉花的弓

或者云上的彩虹

取其

打开 绷紧

负舒展之完美

一支螳臂

虚张声势

一截蛇腰

款款生动

脉脉含情

一声呼哨

终止在

轻灵的指尖……

电闪雷鸣

万马齐喑

最后是跌落地面的

烟花

银铃般响彻云霄的

荡笑

我不喜欢南方

空气里要拧出水

阴寒 沉郁

日光太毒

蚊虫太多

当然要前行！

我什么也不怕！

森林 藤蟒 女巫 猛兽

加入狂欢 party！

成为他们新的王

封神之后

我一哭

眼泪就化为珍珠

一笑

每一颗银铃

就化作一朵玫瑰

神迹引来八方膜拜

我自己

混沌未开

生活依旧是

种花

看云

听海

弹琴

仅仅有时候

内裤外穿

换上我的神祇行头

悄悄出门一趟

拯救世界。

激情和技巧

明面上
我是黄蓉
古灵精怪
阴阳五行
奇门八卦
百晓万通

其实
我心里驻扎着郭靖-
干什么
我都慢半拍-
睁着无辜的大眼睛
就连眨动的速度
也几乎比所有的人
至少要慢
一又三之二秒
这不是笨
不是吧？
嚅嚅诺诺
我只是-

慢一点

慢一点而已

另外

还有一种可以媲美

梅沙金公爵

或者少年维特的激情

它在我的灵魂里

熊熊燃烧

这是不灭的

神圣火焰

倚靠它

浮士德博士

在生命的最后时刻

赢取魔鬼的赌注

激情支撑我

坚持不懈地练习

枯燥机械单调重复的

降龙十八掌

–因为我热爱人类和地球

矢志不渝

要做勇敢的守护神

也包括–
可爱狐狸传授的心法–
如何撩拨 启动 和 驯化爱
–虽然天资驽钝
我从未成功过
可是–
慢就慢吧
我只是
比别人慢一点
而已

还有–
如何控制
面粉 水 酵母菌 以及
各种配料的比例
烘焙的时间 温度
等候出炉若干
原料和花式的
喷香面包–
全麦 起酥 奶油 芝士

–填饱我的两只猴子

因为我爱他们

就像爱我自己

据说

激情比技巧重要

我太慢

想不出答案

我只是

燃烧我的激情

年复一年

日复一日

机械重复

单调枯燥地

磨砺技巧。

音乐之城—献给亲爱的梦欢雅乐

母亲在世

带我去照相馆

记录一个小小女孩

灵秀的欢颜

之后

我几乎没有

任何相片

硕果仅存

镜头下只有

"不高兴"或者"没头脑"

一个一个

我掐死

无数个自己–

爱笑的

呆萌的

能用鼓点

拧上发条跳舞的

嗅到春天的味道

开花的

只剩下唯一那个

皮糙肉厚

不知道痛

痛了也不哭

哭了也不叫的

年深日久

我忘记一切

本源 初心 真相

我以为

每天被鞭笞

亡命之徒

是我的宿命

可是我终于

颠沛流离到

一座音乐之城

春夏秋冬

日出日落

寒来暑往

黑白棕黄

一直都有音乐-

街头钢琴自动奏响

郁金香瀑布怒放

艺术广场的喷泉

摹仿异性或者同性恋人调情

四月里来

柳絮纷飞是大雪

八月夜幕

焰火在天空举行舞会

梦欢雅乐-就是音乐

那些粗鲁野蛮的

咆哮 詈骂

八月寒的恶语

冲刷很多年

我的耳朵

竟然还是足够敏锐

能够从以上的一切里

辨认出全部的音阶和乐符！

阳光 鲜花 冰酒

无处不在的音乐

唤醒我-

腰腹爆发小宇宙

猪腩肚下面

藏着一个

肚皮舞精灵

洪荒之力奔涌

连带被杀死的

无数个我自己

其中一个

名叫忧郁公主-

从前

我有错误的认知-

忧郁

是一种丧失精神免疫力的疾病

而我不能沾惹任何

负面情愫的病毒

必须

拼命掩饰

乔装打扮出

满满的 嗨！正能量！

因为我害怕被遗弃
宁可被虐待
也不要这个选项
再说
我又如何区分爱与虐待？
既然大家都说
没有父母不爱自己的孩子？

可是
在音乐之城
爱 自由 快乐之城
我终于获得勇气
拥抱我的忧郁
握手言欢
我爱你 无论如何都爱
即使郁郁寡欢。

工匠之恋

每天我都在音乐里

泡个澡

啊

我是阿喀琉斯的妹妹

阿喀丽娜

母亲对我

不似对哥哥精心

她把我整个丢进药水

于是

我没有任何命门

我穿上衣服

或者和所有的希腊女神一样

一丝不挂

嬉笑着摹仿月桂树

在风中摇曳婆娑

海浪手拉手

拍到左边

又拍到右边

野马在廖阔平原

一骑绝尘

嘚嘚嘚嘚～

我拒绝了

阿波罗和丘比特的殷勤

也不怕他们

霸王硬上弓

又有谁

能够擒获

永生不灭的阿喀丽娜？

贞洁的美名远扬

雅典娜或者阿尔忒弥斯

要我做她的女侍卫长

不屑一顾

世界上又有什么胜过

为自由而自由？

我是莎士比亚的妹妹

莎士安妮

每天沉迷于

用舌头跳舞

把它卷起来

吐出一串虚拟的葡萄皮

嘴部肌肉

集中前部发力

小幅开合

淑女的标准格式

轻柔 文雅

长句子

层层叠叠

密密麻麻

惊涛拍岸

排山倒海

逻辑严谨缜密

固若金汤防护堤

屈原峨冠高蹈

山鬼摄魂夺魄

皆因平上去入

  抑扬顿挫

梵高是我的

情人之一

既然我不想挂靠他

闻名于世

那就无须交待我的名字

你可以叫我

小倩 甜甜布兰妮

或者荡妇卡门

It's up to you

我拥有一双

照相机和比例尺眼睛

I don't care

善睐与否

忧郁坠入蓝色

勃起化作金色的弓箭

延绵不绝的柔情

共振

落基山脉

线条伟岸

亲爱的

我的爱

唯一的爱

是成为一个

伟大的工匠。

觅春

日晷记录：

早晨到正午–

河水从浑黄

变作宝石般的深蓝

这个地界

平静无波

过了桥

又颠簸起伏

河水里藏着无穷的秘密

在此

它名叫

渥太华河

在音乐之城

梦欢雅乐

它名为

圣·劳伦斯河

它轻轻地吟哦

睡在

枯藤老树的窝

天籁之音伴着

风 雪雁 松鼠 狗

跑步和骑车

环绕它跳舞

白云在蓝天里融化

阳光把糖浆

涂抹成

鹅黄色杨柳的画布

哦！

看哪！

它在做

春天对樱桃树所做的事！

春天圆舞曲

早立春在苏州
是二月一号
五月九号
梦欢雅乐结束了
今年最后的雪？
早或者迟
又有什么打紧？
春天
就是春天

最开始的寒梅
在苏州屹立枝头
据说
它们是君子
"俏也不争春"

梦欢雅乐的报春信使
是自由的荡妇–
迎春或连翘
一边在春风和阳光下
放声尖叫

一边抱团踢大腿

跳起快乐的爵士舞

天真烂漫的樱花宛若

中国最有名的抖 MM

小狐狸婴宁

笑得跌碎一地

萌出一脸

粉红色的血

郁金香娉娉婷婷

舒展绿叶手臂

天鹅枝颈

芭蕾舞姿

端庄骄矜

却不小心

在各种颜色中

泄露内心深处的秘密

两百度的红

毁灭世界的黑

闪瞎钛合金眼睛的黄

天使的白

又冒充

玫瑰玫瑰我爱你的
紫……

新柳长出呢喃婀娜
在春光面前
恃宠而骄
攀附蓝天和白云
雀儿腆着橙色的肚子
在草地上围着一朵花
徘徊逡巡
勇气鼓起–放下
放下–又鼓起

我爬上台阶
以为自己
走进画里
春天吻我
鸟儿们拉起琴弦
我跳起
春天的圆舞曲
发育成
真正的我自己。

割肉还骨

哪吒是个勇敢的人

割肉还骨

美丽的生命

化作莲藕重生

曾经

我审视自己的躯壳

充满厌恶

青春期的胸口

小小隆起

我含胸驼背

又五花大绑

忧心忡忡

啊 羞耻痛苦

辗转反侧的秘密

每月必来天葵

腌臜 腥臭 污秽

我真想绕道走

躲起来

躲到沼泽地

或者蝙蝠的洞穴

巫婆的木屋

与癞蛤蟆为伍

它们是世界上

唯一不会厌弃我的活物

可我还是变得

喜欢照镜子

鼻子太大

法令纹太深

牙齿太黄

腿太短 有罗圈

身段太矮太肥

象一截粗壮的树干

又鬼使神差

我喷完

几乎整整一瓶

郁美净花露水

招来父亲大人的毒打

他有一双慧眼和一条毒舌

由此揭露和昭告
我的理想是做鸡

–一切都是错的
都是丑陋失衡和绝望
我的性别
具有先天的原罪
生而为女
对不起！

不不！
我的灵魂里
装着一个愤怒的
金刚芭比
穷余一生
我要杀死父母
杀死他们！
废除他们对我的性别
宣判的死刑

最初
历尽千辛万苦

万水千山

我向他们证明

除了贡献精子

我可以做到

男人搞定的任何事情

任何!

可是

父母并没有从前

我想象的那么

重要和庞大

他们曾经是高山

我绝望地雌伏

他们的阴影压制我

奄奄一息

苟延残喘

鏖战和征途的尽头

我终于体悟–

女性的身份

首先属于上帝

并非父母

于是

击败那曾经的宿命意志–

庞大的女巨人长起来

长起来

势不可挡

一往直前

永无衰绝

苟日新 日日新

我孕育孩子

孕育出

天地 日月 世界

最重要是–

新的我自己

一点一点雕琢 刻凿

新生的成人

从灵魂到身体

借助

艺术 运动

生生不息之爱

我换了

一颗心

一个灵魂

一个大脑

一个小脑

以及

全部的

肌肉 骨骼 血管 脏器

我将爱自己

矢志不渝

海烂石枯

天长地久有时尽

此恨绵绵无绝期

经由此路-

心 口红 汗水

灵感 激情 创造力

以及

开天辟地之笑。

自爱之歌

运动改造大脑

分泌多巴胺

或者内啡肽？

总之

就是那种东西

当罗密欧遇见朱丽叶

当圣母娩出圣婴儿

它会在人们体内

数倍增长

地上天国

莅临人间

合唱队欢呼

诗人

我的女诗人

真爱降临！

人们说

在哪？

你的小王子？

你金色的麦浪

或者

温柔的狐狸？

我是自身

我是

爱娇的玫瑰

探访宇宙的

小王子

以及

温暖香甜的麦浪

灵犀点通的狐狸

我是

主体和客体

施与受

影子和主人

正册和副册

爱和被爱

运动连接

知与行的火零线

天雷地火

高压爆发

泥石流冲刷出

另一个

人间哪吒。

跑步

我有一个猪腩肚
和一双小短腿
可是
这不妨碍我奔跑
并骄傲地想象–
我是
一匹美丽的羚羊
一头娇憨的麋鹿
一只矫捷的猎豹

我在拂晓跑
　旭日初升
　迎着朝阳
红枫绿杨的树叶缝里
淘气的金光闪耀
扑进我的眼睛

我在上午跑
沿着"中国"运河
湖面的微风
轻轻吹拂

我的脸颊和全身

嗨!

我会不会–

如同草地上

那些白色的蒲公英

四散在空气里?

我在正午跑

烈日炎炎

蝉鸣正炽

我躲开老港

那些炫酷的轮滑高手

想扎个猛子钻进

圣·劳伦斯河的清凉

—旋即改变主意

选择了

皇家山公园

Tam-tams 的鼓声

一鼓作气

我跑上

美丽的瞭望台

山阴凉爽

梦欢雅乐全景

尽入彀中

我在黄昏跑

跑过谢布鲁克街

大大小小的红绿灯

行人和汽车

银行 餐馆 超市 花店

麦当劳 赛百味 汉堡王

即使有亚瑟跑鞋

坚硬的水泥路

仍旧毫不留情

脚掌磨出

麻木 生疼

硬茧和筋膜炎

跑呀跑呀

羊肠小道

既阻且长

从脚下延展

到远方–

铁路 河流 天边的云

以及

我的梦。

美人

我爱自己–

止于至善

臻于至美

至于肉体–

刻意忽略和遗忘

–我是飞升的灵

–画面太美–

偕沉重胸器？

佯装肉身阙如

我背叛抛弃

俗不可耐的躯体

它生长出

一个弃妇的全部怨毒

腰围二尺七

含胸驼背

臃肿迟缓

五个月的肚腩

分娩出

灵魂拖延症

然而

最后

我终于艰辛地

学会爱-

延伸到肉体-

和灵一起

浑然一体

天衣无缝

我拉伸自己

短肥的麒麟臂

微微生疼

坚韧不屈

就好像

我有一双

纤纤玉臂

来自千手观音

修长 灵动 拈花绽放

下犬式

婴儿式

呼吸吐纳

金刚禅唱

冥想中

我悄然返归

宇宙的子宫

矫健力量振荡

生长出–

美和媚。

渥太华河·跑步

没有白桦树
和那深情的眼睛
我依然跑进
普宁的诗
列宾的画

放眼是
宝蓝色的龙鳞
湖怪在水底蠢蠢欲动
天边的弧形褪成
浅浅的温柔蓝
那里有艾尔莎的冰雪城堡

一些云在天上
漂流 仰泳
甩一把马尾蓬松松
一言不合就斗舞
或者轰隆一声
炸出
–不是爆米花

–是棉花糖。

白色的雏菊仿若
同名电影的韩国美人
紫色的花穗和黄色的星星眼
在绿色的草丛里
眨呀眨
杨絮从天空投放
许多茸茸的伞兵

叫不出名字的鸟
啁啾啁啾
一件蓝色露背装
一副墨镜
带狗女人
妩媚火辣地走过
一个酷男人走过
带着蓝色的头巾
好像传说中的蓝胡子
或者杰克船长
他也带着一条狗

河里驶来两条

彩虹色的小船

一只鸭子

悠哉悠哉

在湖面转圈圈

我在跑

像一缕诗魂

宛如一只狐狸

穿过金色的草丛

又好似

一头美丽的香獐子

奔向远方

空气中飘来

羊粪或者马粪的味道

微风像爱人一样抚摸我。

美而媚

我决定–

做一个美人

冰肌玉骨

自清凉无汗

渴饮珍珠

饥噬昙花

侍儿扶起娇无力

No！just kidding :)

我只爱马甲线

和"神奇女侠"加朵

霸气侧漏肌肉腿

踢出一脚

所向披靡

宇宙无敌

在东方

其实还有

从前的西方

美人必须

符合观众/男人的想象和期待

消弭一切主体性

专司"被注视"

被愉悦 满足 利己地

凝望

逗引他们

梦寐思服

逆流而上

当男人失败或者成功

美人的命运遂分流为

杨贵妃或者狄多女王

做一个美人

还是我自己？

负笈拖延症

犹豫三十年

在豆腐渣的年纪

我终于立志

–做一个美人

一个属于我自己

观测 探索和征服世界的美人

我兴高采烈

在人间斗舞

媚眼如丝

摇曳生姿

蛇腰款款

你旁若无人

目不转睛

没羞没臊

看着我–

当我想你的时候

你也在想着我

致加拿大 150 周年华诞

今天是你的生日
我的加拿大

勇敢的航海家
以人类之肉身头脑
打败波塞冬的三叉戟
抵御塞壬入骨之媚
战胜极地暴风雪
—习惯牛肉和奶酪的胃
装进爱斯基摩人的腌海雀

大海上夯实
一方乐土：
海岸线延绵（from Coast to Coast）
平原敞开怀抱
麋鹿 浣熊 狐狸
在大自然的调色板上
疾驰欢跃

昂格鲁·撒克逊人来了

法兰西人来了

日耳曼人来了

还有维京人

非洲人 亚美尼亚人 亚洲人……

许多树背井离乡

连根拔起

因为战火，信仰

或者

生活在别处的梦想

我们带着

故国的基因 回忆和乡音

建构起一个伟大的

镶嵌画国家–

自由的土地上

居住着自由的人民！

我们在此

相爱 劳动 创造 享受

或者仰望星空

感谢并祝福你的

和平 富饶 慷慨

平等 自由 公正！

猎豹狂舞

黑与白
闪电目眩神迷
疾驰在旷野
长啸跃上舞台
节奏引爆腰腹

猎豹狂舞
自身体核心
洞穿尾椎骨
迸发霹雳雷鸣

妩媚如水
呻吟似蛇
脖颈顾秀
眼睛是深深的
　　　长长的
　　　醉醉的
酒

被俘获的猎人

有着古铜色的
肌肤
结实 柔滑 细腻
猎豹一样的
狂热 狂野
一起谱写
生命的大和谐–

妖精跑歌

当你跑步的时候
你在想什么?

摩西奶奶&村上春树:
日本小职员写信请教
高龄成名的美国主妇画家
现在可来得及改变人生?
Yes! of course!

自律&自由
Keep, Keep and Keep!
汗水闪闪
下去一些
肥腻脂肪
多出一些
肌肉线条

奔跑吧!
回到人类
原始狩猎时代

防震亚瑟鞋踩踏在

生硬路面

虎虎生风

胳膊在空气中

直立自由划水

胸前白兔呼之欲出

想什么？

我在想什么？

我想大笑着

跳到空中

扮个鬼脸

我想追逐风

抱住他的腰

送上我的吻

我想和太阳一起

玩转地球

我在光阴荏苒里

奔跑

从萝莉跑成御姐

从御姐跑到女王–

跑出

曲线婀娜

腓肠肌秀丽

小蛮腰似柳

从雅典娜的忠实门徒

跑为

爱欲之神维纳斯的贴身亲信

奔跑中

我寻找到

不,生长为–我自己:

纳喀索斯的精神孪生儿

–我以熔点的眼神

注视自己–

如同那些

–曾经为我死去活来的男人

永恒之女性

引导人类前进!

跑步·真爱（特鲁多公园）

清晨并非跑步最佳时机

太阳尚未起床

花花草草树树

正在伸懒腰

一边觊觎着回笼觉

呵欠里都是二氧化碳

晚上也不是好时光–

运动刺激神经兴奋

导致失眠

黑色的夜幕中

也许藏着一只

大灰（色）狼

可是

管它呢

我爱跑步

真爱

罔顾时空

随时随地穿鞋出门

若不是害怕受伤

拉伸都要赦免

朝阳和落日

露珠和星辰

见证我的忠贞炽热

上午

特鲁多公园静悄悄

我听见花开的声音

喷泉仰面朝天

开怀大笑

微风在耳边轻轻吐纳

俨然你的叹息

修修补补的挖路机

不时打个喷嚏

还有我的心跳

如果不凝神捕捉

就杳然消弭在

母亲子宫般

充满白噪音的大自然

跑过一圈绿

又一圈绿

铜质的麋鹿低头沉思

另外两只羚羊

跳跃山涧时定格

陪伴我的还有

人权斗士

在那些小小的

四方形纪念碑

他们被缅怀追思

澄绿的湖水

映射出太阳的

光辉和喜悦

满怀眷慕与柔情

鲜花姹紫嫣红

灿若美人

环绕湖滨

哪个绿拇指

做出一条

草本植物小龙

静立湖畔

四肢协调

呼吸匀速

心跳平缓有力

腰腹收紧前倾

我在天地之间奔跑

矫健而勃发

仿若

被上帝亲吻过的

天之骄女-

幸福啊!

当真爱降临

腐朽化作神奇

平淡变身美丽

须臾得以永恒。

致梦欢雅乐

你从圣·劳伦斯河的羊水诞生

又成为

美人 美酒 孩童

音乐 色彩 狂欢

之温床

白黄棕黑

环肥燕瘦

婀娜玲珑

圆润凹凸

我怀疑

所有的女性

都在这片魔幻的土地

被唤醒为"美人"

历经

白雪皑皑

冬天寂寥

而后

紫外线爆发24小时

从夏到秋

葡萄 苹果 梨子 樱桃

沉淀出

雪之糖霜

又变成晶莹液体

躺进美人瓶

候君啜饮

孩子们每天都是狂欢节

春天

枫糖浆流蜜

夏天

室内室外

喷泉跳舞

水幕的枪林弹雨

秋天

树叶五彩斑斓

集体画脸

冬天

你们站在

九十度雪道

俯冲翱翔

FM99.5

在空中攫取

我的全部精魂

遑论

每年一百零八个音乐节

身为"混沌"一员

我只会如此分类-

要么属于耳朵

要么属于

四肢和躯干

前者属灵

星辰和神祇

牵引我上升

后者唤醒我

美好肉身

成为狄奥尼索斯

渴饮不辍的情人

春宵苦短日高起

从此君王不早朝

羞羞羞!

你的画技还不如我

你只会

用焰火在天空泼染

加上爆响造势

或者

爬上一帧帧

街头墙面涂鸦

瑰丽诡谲

好像无数个

诗人李贺

在此投胎转世为丹青画匠

又或者干脆

借"小丑"或者"热带雨林"主题

全世界的双胞胎倾巢而出

为你平铺穷尽

彩虹的所有色系

我爱你–梦欢雅乐

永远都爱

–全部的你–

爱你

热情 娇媚 灵动

也爱你

寒冷 破败 疮痍

爱你引吭高歌

音乐之城

也爱你

赤子一片

丹青拙劣

我住在你的心里

你长在我的心里。

唯有跑者留其名

清晨

努力撑开惺忪睡眼

一万匹野马

在胸中

为奔跑诱惑

调度

筋骨 肌肉 关节

跑出舒适区

像一只上发条的

正步走锡兵

一圈又一圈

丈量特鲁多公园

我听见

火车从白云深处驶来

铁轨唱歌

货运工人

野蛮装卸

哐珰珰

飞机在远处云层

低调起落

喷泉练习美声

高耸入云

哗啦啦

夏虫

磁性哼唧于

高空树枝&脚边灌木

那只鸣蝉

与几十年前

太平洋彼岸的故乡那只

可说同一种语言？

弧线优美

膝盖微曲

脚步落在

砂石道上

摩擦出单调和紧张

亲吻绿草和青苔

传来挠痒痒娇笑

所有的声音

一起合奏共鸣

我还听见那些

哑然的沉默

比如

爱

爱里的残缺

恨

恨里的无奈

喜悦幸福

同时涌出

酸楚眼泪

悲伤隐忍

信仰虔挚

火一般激情

熊熊燃烧……

古来圣贤皆寂寞

唯有跑者留其名。

跑步的女巫

我在黄昏跑–

晚风笼罩我

从头到脚

哄好盈盈欲泣的汗滴

天边有颗

橘色的夕阳

好像泡泡糖

一个少年贴住栅栏

凝视落日

憧憬远方

还是–

思念他的女郎？

蚊子敢死队

一次又一次

自杀式袭击

我紧闭的唇

终于–

学习我亲爱的小伙伴–

蟾蜍和毒蛇-
我伸出长舌
挽了一个花-
啊！人间至味！

松鼠和兔子
在绿茵地
佯装骏马疾驰
其实
它们在摹仿我
也许是我摹仿它们

已经从人类进化成女巫
长达三千年
我仍然存储
关于奔跑的
愉快回忆-
两脚生风
多巴胺泉涌
嘴角上扬
眉梢带笑

我在音乐之城

梦欢雅乐奔跑

它的灵魂 FM99.5

化身意大利歌剧男高音

或者一段平静悠扬

牵引我

如同

贝特丽斯牵引但丁–

无惊无怖

顺遂走过

情绪阈值的天堂与地狱。

仲夏日之梦/嬉笑节

仲夏的风微醺

阳光为我换上

黑色的新皮肤

露天酒吧飘来

啤酒 红酒 鸡尾酒

欲饮一杯无?

不入愁肠

醇厚之相思

生而有涯

快乐有限

我们加拿大人

催生"嬉笑节"

Just for laughs!

还有什么

比"图个乐子"

更值得认真?

节奏在微风里

浅斟低唱

人们排队

到圆桶里滚一滚

临时舞台上

蹦哒着一群黑衣舞男

邪魅酷拽

挥动流星锤

空地上又来了

尖帽子红精灵鼓团

锵咚咚

咚咚锵

人们被催眠而热舞

城市丰收 诙谐欢乐！

妈妈！

瞧！我已经在迷宫里

找到

鸡 蛇 兔子 和蜘蛛

啊！

妈妈被偷袭的水枪

击中挂彩

孩子又拉着伤员

奔赴游戏前线

在数十种诱惑前

取弱水一瓢

赢过妈妈

心花怒放

甲壳虫乐队

苍蝇 蚊子 蟑螂

吹锣打鼓

招摇过市

大头娃娃明星

摇摆逡巡

屈尊和人们合影

喷泉广场

敛藏水柱

放出

灯光 音乐 焰火

舞台史诗 擎天柱高椅

以及数辆

提供免费祥子的红包车

仲夏的日和夜里

我徜徉于此

寻欢作乐

秋天奏鸣曲

秋蝉 汽笛
还有秋风里的白杨树叶
召开演奏会

谁的膛音最亮?
谁的元气最长?
谁能弹出
最灵巧的和弦?
秋阳在场外
眯缝起金光

无主的小白船
三三两两 七七八八
泊在粼粼的水面
摹仿天鹅
优游从容
共振于波涛
一下 一下
轻轻拍打
河岸与水草

湖的对岸

树冠郁郁葱葱

推推搡搡

又蓦然

彰显重彩

妖娆欲燃

女儿醉

还是离人泪？

天蓝如洗

荼靡仍开

谢幕季万紫千红

松鼠在路上招摇

一双白发苍苍的伉俪

共同沐浴

秋风 秋阳和爱意

秋熟

秋天熟了
树木煊燃
云天殷勤
烘托光影
温柔又炽热

红与黄
星火燎原
美在烧？
不，是爱！
爱–或者死！
嘘！
–冬天守株待兔。

跳舞通巫

移植到北国

保留南方的回忆

意大利和哥伦比亚舞蹈教练

唤醒我

潜藏在如席雪花下

炽烈黝黑的热情

我在舞

舞通巫

从森林 海滩 神坛

鼓点由远极近

你来了

来了

我的神祇!

我是牵线木偶

具有温度 血肉和呼吸

阿波罗和狄奥尼索斯

维纳斯和雅典娜

两组冤家

同时选我为祭司

巫同舞

供品之外

我献祭自身

–他们大打出手

企图独占

通灵的人间神女；

白热的眷慕–

迷狂和激情注入

凡人成神

更接近神

我在舞–

强忍鱼尾变身

刀割痛楚

天籁歌喉已赠

海中黑山老妖

艳绝人寰

摄人心魄

销魂入骨

曼妙呻吟

全部经由

腰腹 脖颈 纤纤玉指

缓缓流出……

酷寒的枫叶国

绽放出

南方少女

全部的热情回忆!

坐忘狂舞

盆鼓而歌
不能尽兴
楚地狂人
从圣·劳伦斯湖畔
舞向渥河之滨

旷野呼唤
洪荒之力
迸发抖落
肩头指尖
眼角眉梢
空中劈叉
一道闪电
接舆狂舞

啜饮《风·骚》
西伯利亚群星璀璨
指引我凝仰猎户座
柯尼斯堡那个小老头
敦告我

人间某种物事

与星辰并列

法兰西玫瑰娇艳欲滴

唤醒我内在女性

南美丛林鼓点

召魂前世通巫之恋

大不列颠

孕育北美枫叶国

哺乳我长成

庞大女巨人固埃

举杯邀明月

我舞影凌乱

世界公民

坐忘山川河流

星辰大海

偕天地以归。

爱的仪式

爱跑步

履行爱的仪式–

亚瑟鞋丈量

梦欢雅乐；

爱梦欢雅乐–

以双脚的鼓点

亲吻大街小巷

老城年深日久

蜿蜒至浅灰色石砖路

爱是一种信仰

无论内容–

一种打开筋骨的方向

一个孕育灵魂的城市

抑或

一个呀呀学语的粉藕婴儿

汗水 虔诚

喜乐平安

打开的心

伴随我贯注全程

眼睛摄入

281俱乐部门口

跳跃的刺激

瑰丽甜蜜

玫红色摩天轮

迎接白胡子老头

闪闪酷炫

九重金拱门

冬天的寒风–

音乐静谧又温柔

流泻一地

光影铺陈–

树木 钟塔

窄窄巷子

化作–

人脸 小鱼

长长短短

375年的故事

唤起我

一千个瞬间

心醉神迷

如丝如缕

如水的温柔。

战斗-受 2017年11月中国三色幼儿园罪案刺激题诗一首

  红黄蓝

  朝花

  幼儿园

  阳光普照下

  孩子

  孩子

  孩子们

  天使

  光溜溜的医生叔叔

     医生爷爷

  针孔躲在藕节胳膊上

     乌油油头发里

  肛裂 昏迷 抢救

  还有温柔恫吓

  长长长长望远镜

  看得见听得见

  你家里发生的一切哦！

影像里

没有马赛克的年轻父母

体面的教育

克制的愤怒

隐藏而一览无余的创痛

我们稳如泰山!

我们控制了家长!

我们起诉了诬告者!

上市啦上市啦金元帝国!

没有上帝的世界

会发生什么?

庄子正在和鱼同乐

忽然魔鬼入侵

地球危险

 人类危险!

孩子!

孩子!

幼儿园砧板上的

孩子!

你的孩子也是

我的孩子!

我扔掉心爱的玻璃球

妈妈 怎么啦?

孩子

没事 没事 有我呢

我唱了一支摇篮曲

孩子在恬美宁馨里入眠

我换上

神奇女侠的披风

悄悄出门

朝魔鬼们

扔了一颗核弹。

士之怒–致 2017 年 11 月北京受害儿童

神爱世人

以各种方式：

有时候

鹳鸟用长脚

给人们带来上帝的礼物

–一个婴儿

一个天使

它爱你

完全没有条件

不论贫穷富贵

妍丑康恙

它的眼睛

倒映出神的信望爱

它嘴角上扬

莞尔一笑

整个天堂

都对你开放

它这么这么小

你要蹲下来
或者抱着它
才会知道世界上
有一个小人儿
完美向你传递
上帝的爱–
温柔宁和喜乐
祂是你和伴侣
甜蜜之爱的结晶
你自己
生命的延续
我爱你
就像爱我自己

2017年11月22日
记住这个
黑色的日子
据说它由
红色黄色蓝色合成
金钱 权力 恋童癖恶魔
在神州大地
开一席狂欢趴梯

延续六天

庄严的国家机器

把"造谣诬告"的失心疯家长

绳之以法

响亮地捍卫

天使们的权益!

十四万人齐解甲

竟无一人是男儿!

宝贝

别哭 别哭–

隔着落基山与太平洋

隔着秋季与冬季

隔着星星和月亮

我听见和看见

你的啜泣

你垂下头

仰起来

惶恐怯畏

一览无余

我做错了什么?

宝贝

你什么也没错

你的爸爸妈妈

当然

也没有做错

抱一抱

我亲爱的孩子

我的宝贝

和童话一样

在真实的世界

我们也会碰到恶魔

甚至有时候

坏人也会赢

不过

亲爱的

别怕 别怕

一切都会过去

一切都会好起来

我爱你

我在哭泣和守望

嗯 瞧 虽然我是大人
也还是会哭
这不等于我不勇敢
–我仍旧随时准备战斗
打败魔鬼
等候
太阳升起。

流光之跑

似一只
加拿大麋鹿
扬开四蹄
流光飞舞
飘盐撒糖
踏雪有痕

乾坤挪移
置身巴拉德罗白色沙滩
假装忘却
月光下的疑似糖霜或者故乡
寒意凛冽；
日耳曼腔调旋律
从两根白线
延展入耳
恭听歌德 黑塞 托马斯·曼的母语
拥吻法语梦欢雅乐
–终身炙热
至死不渝
冬季爱火

如荼爆燃

发号枪响自
春花明媚
夏荫蓊郁
秋叶璀璨
贯穿冬夜漫漫
我从肥硕地母
跑为
刚劲婀娜；
哈姆雷特延宕犹疑
进阶–
真的猛士
雌雄同体。

圣诞节

上帝不以泥 粘土 石头
而以爱造人
祂甚至牺牲
自己的儿子耶稣
只为教引
冥顽不灵的人们
去爱……

耶稣是神子
也是人子
他降临人世
带来信 望 爱

绿色圣诞树
白胡子老公公
金色铃铛和麋鹿
散发温度与爱意的礼物
商家一起狂欢
Kiss Kiss Merry Christmas!

白雪皑皑

烛光与霓虹

闪烁跳舞

然后是新年

焰火声中除旧岁

老港广场

我们冬夜蹦迪

大声大声叫喊：

我爱！–

爱我自己

你们和他们

世界

伟大的玻璃球游戏

明亮燃烧的梵高

黑白琴键上

手指流动建筑的诗！

雪中蜗牛

大风起兮雪飞扬

心安之处是吾乡

牵一只蜗牛

在地面散步

媲慢天空之城

柳絮如席–

听说

爱是一见钟情

天雷勾动地火

名花倾国两相欢

可是还有一种–

邂逅自己

养成我的你

和你的我

一点一点

慢慢飘落

覆盖大地

世界沦陷。

水云间

当哈得斯掳走珀耳塞福涅

伤恸绝望的母亲得墨忒耳

陷入抑郁

冬天

这就是冬天

大自然花容失色

苦寒凛冽

西风肆虐

作为人类的孩子

我却仍然在

极地漩涡里

追寻

希望 欢乐和

永不停滞的美

阳光从蓝色的滤镜

辐射温柔的吻

虬枝大家闺秀

徐来之舞

嗔笑有情

而波澜不惊

我们住在姜饼屋里

大雪压青松挺且直

零点时分

南瓜马车来了!

小仙女

王子请你跳个舞!

哦哦 好好

水晶鞋不要了!

这劳什子箍得脚疼!

–大地冻开了口

圣·劳伦斯河

冰封成一面镜子

最远的方

白雾氤氲

水天无隙

天即水

水为天

羽化升仙?

不如跳舞。

雪花沸腾

雪花沸腾

天地开锅

四处茫茫皆不见

惟有琼楼平地起

鼻子要掉了

手肿胀啊

脚疼疼

仍旧

出–来–浪

在冬天

带着

夏天最后一朵玫瑰

芬芳炙热的回忆

加速奔跑

嗨!

何惧风之刀?

浸浸每个毛细孔的寒意

月光清冷寂寥

我选择

鞭炮一样大笑

在冬天助纣为虐

浑然天地

生生不息

冰雪奇缘

偷得梨蕊三分白

妙玉掬来梅花茶

大自然精灵建筑师

穿梭天地

我们织

我们盖

仙人邀云汉

永结无情游

克拉拉醒于睡乡

胡桃夹子

锡兵王子

引领她在冰面翩跹

户外奏起

蓝色狂想曲

曙光褪去

粉橙色的余韵

白杨树挺拔温柔

静默守候

世界化为

巨大的八音盒

美啊!

请停下!

目眩神迷

一个闪失

我坠入

融冻冰面

像一尾

搁浅沙滩的人鱼

一点点濒临绝境

使出吃奶力气

旷野中大声呼唤

Help！–

善意陌生人从天而降

一杯咖啡

一张电热毯

笑语盈盈

复归三春暖阳。

茕茕白兔

从杨柳依依
跑到
雨雪霏霏
从姹紫嫣红
跑进
白山黑水
从优柔啜喏
跑为
杀伐决断

冰雪琼宫敞开大门
嗨！
艾尔莎你好！
还有那些
带狗的男人和女人
绽放穿越过来的
春天笑靥
冰消雪融
–我们跑者
联盟平地滑雪者

对抗风刀霜剑

长凳在雪里躲迷藏
皇家山顶的湖泊
凹出一个酒窝–
殷勤而甜蜜：
你要不要下来滑冰？
白杨树降低
绿叶体脂率
又长出一堆雪脂肪

在胡天雪地
负隅顽抗
酷寒与肃杀
我比任何时候
都跑得更快
动如脱兔
–守株的那个人
你在哪里？

早春之慕

河水解冻
分泌出
天青色的眼泪
冬天临走前
往洁白的雪里
撒了一把煤灰
哼!
我得不到
你也甭想美!

加拿大女人
已入好时节
小腿弧线优美
引发如怨如慕
入骨之酥
伊自浑然不觉
明眸善睐
巧笑嫣然
招摇过市

来一杯
缇姆红通
热滚滚
甜蜜蜜
巧克力奶
在冬的凛冽中
饮下一杯早春

闺训之逆反

春天生长
万物涌发
阳光拂在雪上
封冰润滑
吹面不寒
陌头杨柳
瞬倾鹅黄
迷之微笑

我看见你走近
一点一点位移
目不转睛
我凝视你
屏住呼吸
我
听见
陌上心花
一瓣一瓣
缓缓开放

我刻意背叛

笑不露齿之闺训

立刻获得奖励–

那响亮的

潮汐之爱

安静而–排山倒海

磐石女人

潮汐和太阴

神秘牵引

如水之爱无孔不入

你随自然的节奏

律动起伏

情人之眼

看见饮恨吞声

女人

你的名字为-

善变

我？

我……

如丝蒲苇

亦是

磐石无转移

一只乳燕呢喃

一缕清风拂面

坐如钟

动似舞

长虹之气

贯串始终

定生静 静生慧

旋即

万物在春天

欣欣自生

早春夜跑

夜如凉水
管弦牵引我
飞升至夜空
满月犹抱琵琶
在虬枝上躲猫猫

第五百次迈开双腿
收腹前倾
腰臀发力
奔跑在熟悉的轨道上
一天又一天
一年又一年

就像
春天这个节点
树上总是长出
米粒般的叶苞
雨线淅淅沥沥一宿
紫色的兰花
忽然从天而降

那件羊绒大衣
也总是因为
响晴的春晖
闹着要和主人分手

熟悉 宁静 重复
宇宙的秩序里
默默地酝酿着
坚韧磅礴的力量
—早春时刻。

早春晨跑

像一只蚂蚁

在树的年轮跑圈

内环于特鲁多公园

一次又一次

目光掠过

暗褐色的泽国

它们奠基于

去年冬天的冰

和今年春天的霖

凌乱瑟缩的灌木臣民

以各种姿态

挣扎 匍匐 望天 葛优躺

高大的乔木不幸谢顶

曾经倾国倾城

莹莹的绿

呼啸生机

酡艳的红

莺莺晓来霜林醉

还有燃烧的黄

仿佛爱火铺天盖地

观察 感受 抚触 奔跑
呼吸 心跳 步伐 臂摆
身体的节奏和频率
一秒一秒
一步一步
向着冥冥中
生长和迸发

一只小小的懒蜗牛
浅浅的黄色
无辜而大摇大摆
躺在黑色沙砾路
我小心翼翼地捡拾
亲了亲
送回小径一隅

早春素描

陌上一团鹅黄
波光徜徉于
天青和鱼肚白
兰花花缀满山坡
天高云淡
耸立英雄树
结满苞芽
繁星密布
指日可待
江花红胜火

一只松鼠
停在草坪正中
专心啃噬去年那颗坚果
两只海鸥
腆着肥肚皮
蹒跚而行
盛放着年轻的校队运动员
几叶小舟
在湖面散步

藉由水波和笑语
青春扑面而来

我消匿于自然
只剩下眼睛
与湖面的树皮 落叶 断枝
悠然起伏
摇啊摇
摇到外婆桥

春天的操练

剪剪杨柳风
兀自佯装凌厉
三月的阳光一撩
就绷不住嫣然一笑
化作飞舞的甜吻
亲在发梢脸颊
哎呀呀，成日里情思睡昏昏

连翘簇团团
佯装矜持
那黄灿灿的银铃笑声
暴露了它们的秘密–
春天！我们爱春天！
林姑娘，出来看花了！

万年青站成一堵墙
西风把它吹成一池
竖立的春水
循着春天的发号枪
它上了弦

随时拔足奔跑

枯褐色的落叶
从雪国的监狱里刑满释放
参加了从地面到天空的
垂直回旋马拉松

宇宙遍布动人的召唤–
林姑娘,快来跑步!快来跑步!

仿若李靖之于红拂女
不能抵挡如斯诱惑–
甩开两条
被冬天雪藏的长腿
骨肉匀停
跑了一个九迈
又一个九迈–
春风十里不如你
桃之夭夭
灼灼其华

做鞋

"我是一个做鞋的"

"作协？久仰！久仰！"

人们崇仰地与我握手拥抱

嗫嚅了两秒

无暇解释

我的心神

又被某块牛皮的棕褐色纹理吸引

心里默默酝酿

一双新鞋的设计草图

有时候

人们爱戴诗人

为她编织月桂树所做的花环

有时候

人们憎恨 Ta

把 Ta 驱赶出城邦

仿佛一首诗

就是一种病菌和瘟疫的精神媒介

有可能威胁

万世静好的尘世生活

谁在乎?

我是一个做鞋的诗人

两个我都爱-

做鞋和作诗

嘘！坦言一个秘密

其实

作诗和做鞋

并没有很大的不同

分娩一首好诗或者一双好鞋

都需要爱

很多很多的爱-

爱自己爱上帝爱邻人

爱

冬天的雪 春天的雨

夏天的热 秋天的熟

还需要学习和操练

我学习

化学 词汇 气象学 生理解剖 光谱色差

也学习

历史 神学 艺术批评 科技哲学导论

还有那些

–风马牛不相及–

跑步 跳伞 攀岩 插花 朗诵 唱戏

也包括

熬制一锅母爱八宝粥

历经十八年学习

我开始操练

迄今二十载

做了五百双鞋

写了一千首诗

不是在写诗 做鞋

就是在

去往做鞋 写诗的路上

明眸皓齿

乌发红唇

它们来过又走了

我浑然不觉

现在

我只有瘦矍的青筋

以及
和十八岁完全一样
澄净而明亮的眼神
还有那创造的巅峰狂喜–
无厚入有间！

立夏夜跑

音乐包围我

十面埋伏

万马齐喑

垓下之围

我跑

甩开羚羊般的腿

吐二纳一

节奏稳定

仿若一个前行的钟摆

夜色未央

一点点坠入暗沉

路灯骁勇

照出一片生天

乔木下的泽国

对月亮抛着长长的

悠远不尽的秋波

一片寂寥空旷

不,也许有人在陪我

比如–

黑山老妖

正在风声的掩盖下

在我身后喘气

而那片树林里

也许会突然蹿出一个狼人

它垂涎我的美貌已久

再往前跑两步

可能会有一只

癞蛤蟆大的蜗牛

拦住我讨要

珍珠耳环

为劳什子弹珠游戏!

因为热爱跑步

女巫的神通

已经封印太久

我心惊胆颤

正拟铩羽而归

音乐忽然仗义变脸–

银瓶乍破水浆迸

铁骑突出刀枪鸣

诸神复活！

虞姬美女大佬

牵引霸王突出重围

袅晴丝摇曳春如线

万紫千红即将开遍

憧憬着明天早晨

太阳底下的光鲜美景

暗夜里

我鼓足勇气

刷完整整十圈

四月

据说

四月是个残忍的季节

大地板结荒原

残雪沆瀣尘垢

占山为王

河水尚未化冻

呜咽落下

数行清泪

可是

爱仍然在宇宙生长

上善之水

化为春霖

温柔而缄默

热烈又含蓄

一遍又一遍亲吻

大地与人间

泥土里冒出

酒红色的芍药苗

郁金香碧油挺秀
杨柳在鹅黄色干冰里起舞
执拗地问询
–愁情可与春共发？

五月

拟似从温柔

向热情过渡

负离子穿过

透明的蓝

阳光给天地万物

涂上金色的腮红

林木蓄上

黄绿云烟色的秀发

又与鲜花一较长短-

攒下满身叶苞

坡上青青草

在风里爱娇

扭扭摇摇

鲜花悄悄蓄势

拟似开遍原野

木兰树英雄花

浅紫粉白

菡萏齐发

西风亲吻旱水仙

绢质的花瓣曼妙温柔

俨然洛神之翩若

明黄色的蒲公英

星罗棋布

势成燎原

稳当当的汉子兰花花啊

缄默于山间水畔

沉积下冷色的锦垫

五月用鲜花

对我言传身教–

乍始生硬

俄而娴熟

凭借凌波微步

移花接木

斗转星移之步法和心法

我在学习–

如何绽放!

春日响晴

径直从冰凌

响晴喊出

新绿的雏叶

微风跑过来

调笑矜持的树冠

必承其重

他轻轻颔首

春天是秋天的孪生姊妹

初生的树叶宝宝

颜色上也摹仿

伊的镜像−

绛红与赭黄

生命是

循环与轮回

磨盘一样的树桩

勘破生死

岿然不动于

鸟鸣 雨滴 以及

阳光辐射的空气波动
然而
他的根暴露了秘密
延展三分之一米
高耸数枝

春天的生长

细雨悄无声

坚持而固执

润泽柏油路面

棕褐色的枝条

与春风联姻

孕育朦朦绿

天幕阴沉低垂

酝酿春雷

主妇们打开

严丝合缝五个月的后门

通向庭院深深几许

男人们甩开膀子

换下冬胎

味蕾怎能抵挡时鲜？

石笋 蒲公英 芥菜 马兰头

来来来！Party 拌上麻油！

饕餮转念向佛

以便名正言顺

吞咽下整个春天

沉睡于漫长冬季

念天地之悠悠

发春困之幽情

白素贞

揉揉眼睛

摇摇晃晃

出得门来

哎呦喂！

似这般万紫千红开遍

生生死死随人怨！

恼春也不是

惜春也不是！

郁金香

惯会伏低做小

为女儿家家

搭个梯子

殷勤开成一盅酒

美丽的蛇妖

一饮而尽

转嗔为喜

迎风醉千里-
据说唯此
她才能学会
落下一滴
专属于人类的眼泪

所有的生命
所有的力量
所有的光热
从一条春蚕
到一根水葱似的指甲
从一项冲浪的技能
到一种完赛马拉松的实力
从一个思念的吻
到一具磅礴丰厚的灵魂
都和白素贞一起
卯劲生长！

混淆

音乐在空中
耳中流进一片海
冉冉升起舞台
男中音浑厚有力
演绎人生曲线–
憧憬 热切 昂扬 黯然回旋
在春风 阳光 与绚烂花色里
我甩开四肢
灵魂和着旋律
做艺术体操
我到底爱跑步
还是爱音乐

蓝色的小花
躺在绿色的草里
眼睛一眨
我混淆它们
和夜幕·星空
新绽的叶子
在枝头摹仿

合欢花的形状

拟似绿色的吐蕊

蹿苗的芍药

仿佛是从树上

一头栽到地里的香椿芽

–该配鸡蛋

还是豆腐？

数丛翠碧的兰草

令我混淆韭菜–猪肉包子

玉兰木兰

同样的腮红

粉白浅紫

同样身段亭亭

一米九零

是花家的木兰

还是姚家的木兰？

天然呆

坐下来就忘

跑起来更眼拙

天地玄黄 宇宙洪荒

我总能在此物中

看见彼物的影子

只为这-

人皆有情

物皆有灵

阿弥陀佛！

幸亏我懂得

什么是调情

什么又是爱情

真的？

真的……吧！

地母之跑

今天是母亲节
人们赞颂和转发
母亲的牺牲和付出
我却杯弓蛇影
唯恐又多一个女人
被"母亲"的称呼绑架
只有"好人"
何来"好母亲"?

我不愿意踏上
"好妈妈"的贼船
不愿意
为了孩子
失去
属于我自己的一切-
雅典娜的盔甲
阿尔忒弥斯的弓箭
阿波罗的月桂花环
我这样过母亲节-

失败了苦口婆心

我放弃二冬瓜

揪住大冬瓜

雷电咆哮

声泪俱下

终于直接绑架

让他在母亲节

开启人生第一跑–

我要训练

未来的母子敢死队

可上九洋捉鳖

抑或天宫揽月

懵懂的孩子

被我揪着灵魂的耳朵

愁眉苦脸踏上了

跑者的不归路

已被特赦的弟弟

又主动加盟

两条小狗吐着舌头撒欢

忘记满腹牢骚的初心

挥别爱子

我继续自己的征程–

蓝光中和阳光

和母亲一样勤劳

把所有的一切

洗得干干净净–

一切都是新的

都闪闪发亮！

银绿色的松针芽

可以直接凉拌

一棵枫树

长满了赭黄色的

小小风铃亮晶晶

还有一棵枫树

缀满了嫩绿色的

微微风铃晶晶亮

更多的枫叶

已经在初生的时候

为秋天的胭脂

涂上薄薄的粉底

骄阳洗刷我

眼观鼻鼻观心

瓷实的大腿

有力拍打坚硬的路面

仿佛一架小型夯路机–

我夯紧自己的灵魂

提高密度与重量

为了将来

带着孩子们建立王国

我们一起都拥有

丰富的丰富的幸福–

这是我关于母亲的理想和践行

不知可是

他们理想中

所爱所憧憬的母亲。

跑在太阳风里

太阳洒下风和德泽
施惠于
一只黑色的小鸟和我
它飞离河岸觅食
我跑向河边听涛
狭路相逢于某点
互相缄默

河水嘟起小嘴
涌出许多褶皱
一拱一拱
水面下藏着乐队
岸边贵宾席
音效最佳
哗哗与滔滔
吞吞与吐吐
忍不住跳舞！

天空漂在水面

蓝色下降

白色上升

温柔而舒缓

河边老树苍劲

没有香花

枝条仍旧

妩媚又旖旎

女儿有态也

忍不住画画!

变换若干种跑步的身姿

向着前方或者理想

矢志不渝

一个人就是一支队伍

众志成城

肌肉迎风生长

骨骼嘎嘎作响

我化身神奇女侠

长腿一米八

一拳砸碎一个核桃

沿途木兰粉粉灿灿

婴宁在树梢

嫣然乱颤

小松鼠施施然过马路

河边许多人家

有的似城堡

有的像一首曲线玲珑的诗

有的–

安安静静

愿意听河水

唱歌一百年

啊！真美！

美得我想

做一个和尚

春光之跑

电台用数字
虚拟春天
鸟鸣 流水 花枝
雀跃数排台阶
平行于：
阳光艳染樱花
如醉如痴
王子服呆若木鸡

红枫与绿枫
穿插而行
又分庭抗礼
蒲公英毫不羞缩
明黄磊磊落落
俨然向日葵
天空蓝得宁静
引发喷泉
独唱一支表白咏叹调

草地与树叶同色

琴瑟和谐

一枚宝宝

在春光里拉开弹簧奔跑

空气中纵向游泳

吐纳出她的节奏

四肢挥舞如一只羚羊

逐渐跑成一个女王

权柄无边

倾倒国士无双。

夏天的雷鬼舞

鸡毛松的新叶
宛如迎春花
遒劲生长
垂丝海棠
在东风里怒放千树
粉色与桃色之霞
火漫金山
点燃梦欢雅乐

一点热 一点凉
贪婪地呼吸
初夏的味道
我迈开双腿
穿越我心爱的城市
逐渐弄丢了
起跑线上的
抑郁 愤懑和愠怒

仿佛一块磁铁
被吸引到
皇家山塔姆鼓节
魔性的雷鬼操纵我
如牵线木偶
洪荒之力唤醒
披头散发赤足
我跳起史前祭祀之舞
唤醒了一个女巫的
全部神圣使命。

小满笛音

魔笛在林间奏响
我是快乐的捕鸟人
俏皮地变换
跑步的行脚
没逮住鸟儿
只有荚果蕨张开叶片
伪装成
地面的吊床

与光同尘
浴风而行
我在小径踯躅独跑
划过一圈又一圈
被蓝眼睛的五陵少年
吓得一激灵

草地上飘荡着

若干七彩泡泡

还有小小姑娘

对父亲嗲嗲撒娇

玩滑轮的孩子们

如同穿行陆地的鱼

今日小满

将熟未熟

所有的绿意

吐纳完毕

繁花似锦

云蒸霞蔚。

六月

初夏时节

圣·劳伦斯湖畔

新雨莅临

黄艳艳的毛茛

益发娇嫩欲滴

紫色大花葱

光耀灼热

宛如一团星芒

老鹳草微微粉白

形似草本的梅花

错季盛开

在绿叶簇拥下

轻轻喘息

忍冬变身

玫红与金银三姝

静女其姝

君子好逑

所有的树叶
已经人到中年
沉淀出墨绿绛紫
微风不能撼动树枝
仅吹落雨滴若干
仿佛六月
朱唇微启笑先闻。

初夏时节

连续八年
魁省独立日
大雨瓢泼
仿佛老天在惩戒那些
以分裂要糖吃的人们

雨过天青
载笑载言
一个得意的响指
划过晴空
－铮亮悠长

亚历山大铁桥
横跨深蓝色渥太华河
连接魁省与安省
一衣带水

血脉相连

白色花朵在湖蓝色的镜面

移动 疾驰 绽放

波光粼粼

在微风的节奏里

摇曳闪睐

绿色的尖顶国会山

默然守护伫立一隅

大冬瓜和二冬瓜在桥上

玩自编的"兔子、萝卜、枪"

被妈妈强制按下的英语

偶尔冒出瓢

这个游戏也叫

"石头、剪子、布"。

祭献一朵花灵

倾倒国士无双"他们"说
一个十八岁的女孩
是一朵花
不是一朵花
是一朵花
一朵丰盈茂盛的肉欲之花
引来觊觎捕猎

"他们"说
你被玷辱了
不完整 肮脏 烂污
你擦洗自己十八变
如果有可能
要在王水里清洁
或者
回到母亲的子宫重生

最后

你爬上高楼

又招来一群食腐为生的秃鹫

"快跳！别耽误我接孩子！"

他们佯装不知

或者真的丧失思维算力 -

难道你不是人类的孩子？

只有一个

新婚燕尔的消防员哥哥

最幸福的

或者最不幸的

懂得爱

懂得人与人之间的连接

他想挽留你在这个世界

－不是天堂

也并非地狱的人间

你用语言感激他

用行动粉碎他

可是

姑娘

姑娘

如果你能听见

我知道

即使去了那个世界

你还是能听见 -

你是一个"人"

不是一朵花

不管是肉欲之花

还是别的

被观赏采摘和摆布的花

一切都不是你的错

如果谁冒犯侵害你

如果这一切都不能预防和避免

你唯一要做的

就是

好好地活着

相信你自己

无保留地爱

爱全部的你自己

像上帝爱人一般

灵性丰盈

不幸的姑娘

我祝福你

好好地在那里生活

重新来过

无须刻意在乎性别

却要努力拥有

拳头或者枪

对准邪恶

而不是

无辜的你自己。

二重唱与三重奏

暑气偕日光而来
南风在北纬冲淡
白云纱在蓝天河
浣了一道又一道
西施姑娘啊!
你的归期?

鼠尾草、锦绣苋、百日菊
深绛紫、罗兰紫与鸡蛋黄
在阴凉处响起三重奏
冬瓜两兄弟
被妈妈威逼利诱
泪别室内肥宅
偕麦当劳小丑、气球、立体几何玩具
在夏日敞开的明亮夺目
以及清淡凉爽的小风里

合纵连横

沆瀣一气

反抗母上

然而

相爱怎逃相杀？

来呀，互相伤害！

又求诸妈妈法官不偏不倚

下一秒钟

则响起童声二重唱

宛如天籁。

全职妈妈

我想飞

却怎么也飞不高 -

每天

我五点起床

忙碌到十点

终于得以

站到悬崖

练习俯冲与翱翔

当我酝酿好所有的姿势

等待那声令枪

忽然 -

小雏发出变声期的低吼:

弟弟!你多吃了两条虫子!

二雏眨巴着无辜的大眼睛:

妈妈!不公平!

哥的虫子比我大得多！

我只好卸下头盔和护甲

还要吞下

真气酝酿成型

又涣散凝聚的怒气

瞬间变身

铁面无私的法官

平乱之后

我丧失重新再来的勇气

瘫坐一隅

伸出舌头

狗一样呼呼喘气

买菜做饭洗衣洗碗收纳扫除

没有消停与间断

发号施令 -

刷牙洗脸吃饭功课朗读练琴运动

一声集合口哨

浩浩荡荡猫弹鬼跳出门嬉耍

间或促膝谈心

压抑所有

独裁暴君的本能天性

我兜售民主说辞

谆谆善诱

请理解

"延迟满足"

可是

今天的一块巧克力

果真比不上明日的三块？

时而掰开揉碎 -

何谓"仁"？

心有他者

己所不欲

勿施于人

念念不忘

三省己身

尽管拙于计算

面对每天 18 个小时

我仍然吃力地学习葛朗台

自时间的鹅卵石

榨出果汁：

欢乐的嬉笑节

斜倚在草坪的黑布袋沙发

我掏出智能手机

默默合掌 -

乔帮主的伟大发明

一遍又一遍

我练习舌头 -

运动改造大脑

总有一天

灵魂装上翅膀

自由翱翔！

玫瑰的故事

并非最后一朵

夏日玫瑰

初放于六月

次第开

簇拥开

并蒂/斗艳开

也不是

傅(雷)府上那些玫瑰

它们荣获园艺奖

亦非

小王子星球那朵

专司爱娇和傲娇

更非亦舒笔下

黄振华/庄则栋的黄玫瑰

倾(祸)国倾(殃)城(民)

这是我的玫瑰

头年种下

一、二、三、四、五棵

抛诸脑后

它们在小石子花圃里

自生自灭

第三年

忽然良心发现

颤巍巍肝疼

啊！死了一株？

哦，不！

根茎尚存

幼芽可期

作为忠实的强迫症患者

我又补种了六、七、八、九、十……

玫红、粉红、艳黄、乳白

锐意三角 复瓣六边

娇艳容光欲滴

还有另外一品

端庄圆润

丰满雍容

日光下晒出矜持

我敛神屏气

神与色游

数年不遇的旱魃

嫉妒玫瑰的美貌

不过也许

是我的"黑拇指"–

左边两株新玫瑰

花苞陨亡

了无生气

右边两株

奄奄一息

命悬一线

祸患漫及

中央的艳姝

烂漫绽放

秀过腹肌之后

只剩下病叶寥寥

疑似发烧

黑色斑点！

每天

我一面擦汗

一面饱灌我的玫瑰

从两壶逐渐升级到四壶

从一天一次到

一天三次

仿佛愁容骑士

我忧心忡忡地凝视

那萎黄而耷拉的菡萏

出师未捷身先死

你还好吗？

最要紧是

你还……

活着吗？

最后我闭上眼睛

仿佛那不是

为我亲爱的玫瑰浇水

而是履行某种职责

完成某个

饱含信仰而非浓情的仪式

忽然某天

惊觉东边的两棵

已经碧绿油翠

枝繁叶茂

孩子般雀跃

我开始期盼

另几株光杆司令的新叶芽

又一天

当我跪在地上

像个大大的睁眼瞎

鼻子贴在植株上

寻找生命的痕迹–

心跳几乎停止

我看见极小的绿叶

一念天堂生

须臾 我又得到一种

无缘从书本获悉的植物学知识–

原来玫瑰叶诞生人间

是绛红色的十分之一米粒

这是我的玫瑰

我的玫瑰的故事

我种下它们

凝视 除草 浇水

还对它们

轻轻唱起

最好听的歌

每一天
我的爱和它们
一起生长-
在心
在眼。

www.ingramcontent.com/pod-product-compliance
Lightning Source LLC
Chambersburg PA
CBHW071428070526
44578CB00001B/32